21世纪高等学校本科通识课规划教材

大学生国防教育

主　编　徐前权　李华成
副主编　陈群辉　邓从先　徐　莹
主　审　张光明　方先尧

WUHAN UNIVERSITY PRESS
武汉大学出版社

前　言

在普通高等学校开展军事训练，是适应国家人才培养战略和国防后备力量建设的需要，也是对大学生进行思想政治教育和素质教育的重要内容和有效途径。大学生国防教育是大学生军事训练的重要组成部分。教育部和解放军总参谋部、总政治部2007年颁发的《普通高等学校军事课教学大纲》明确规定，军事课是普通高等学校学生的一门必修课，各高等学校应当将其纳入教学计划。

《中华人民共和国国防法》、《中华人民共和国国防教育法》等重要法规都强调了国防教育的重要性，国防教育已经成为需要全社会共同关注的重要问题。2001年8月31日，第九届全国人民代表大会常务委员会第23次会议决定，每年9月的第三个星期六为全民国防教育日。在新形势下，对大学生进行国防教育并注重效果是各高等学校的职责，学习、领会、贯彻、宣传国防知识更是新时期大学生的历史使命。

教育部和解放军总参谋部、总政治部在颁发军事课教学大纲后，又分别于2007年、2013年发布了《关于印发〈学生军事训练工作规定〉的通知》（教体艺［2007］7号）、《关于全面提高学生军事训练质量的通知》（教体艺［2013］1号），再次强调学校应更加重视军事理论教学和军事训练。为贯彻落实党中央、全国人大、国务院、中央军委的相关文件精神，适应军事理论教学的实际需要，长江大学组织校内从事军事理论教学的专家、教师在深入分析领会大纲的基础上，结合新时期国防形势和大学生实际，编写了《大学生国防教育》，以增强学生学习的效果。

本书以培养国家高素质人才和国防后备力量为出发点，重点是向青年学生介绍中国国防、军事思想、战略环境、军事高技术与信息化战争、近代以来中国相关战事、大学生国防使命、大学生应征入伍政策等方面的基本理论知识。本书力求做到结构体系合理，内容简明易懂，针对性强、时代感突出，从而使当代大学生能够增强国防观念和国家安全意识，培养自身牢固的爱国主义精神，树立正确的世界观、人生观和价值观，努力成为国家和国防建设的优秀人才，进而为国防建设和中国梦的实现贡献自己的力量。

本书除绪论外共分六章，由张光明、方先尧担任主审，徐前权、李华成担任主编，陈群辉、邓从先、徐莹担任副主编。编写人员具体分工如下：徐前权、柳琛编写绪论和第六章；李华成、王陈编写第一章；邓从先、左迪编写第二章；陈群辉、周瑶编写第三章；徐莹、张乔萌编写第四章；邹丹、李华成编写第五章。全书由李华成统稿。

本书在编写过程中，承蒙长江大学校领导及教务处、武装部领导的大力支持和荆州市国家安全局相关领导的悉心指导，在此谨一并表示诚挚感谢。由于编写时间仓促，加之编者水平有限，尽管全部参编人员兢兢业业，多方查询资料，多次深入研讨论证，但书中仍难免出现错误和疏漏，恳请专家、学者和广大读者提出意见和建议，我们将虚心接受，认真改正，以便在今后的修订中加以完善，共同为国防教育事业尽力。

编　者

2014 年 6 月

目　　录

绪　论

一、高校军事理论课的性质与任务

军事理论课程是普通高等学校本专科学生的一门必修课。2001 年施行的《中华人民共和国国防教育法》第 15 条明确规定，高等学校应当将课堂教学与军事训练相结合，对学生进行国防教育，应设置适当的国防教育课程，并加强学生基本军事技能的训练。2002 年教育部和解放军总参谋部、总政治部联合下发《关于印发〈普通高等学校军事课教学大纲〉（以下简称“大纲”，该大纲在 2006 年做了修订）的通知》（教体艺［2002］7 号），明确规定军事训练必须纳入普通高等学校本专科日常教学，该门课程包含军事技能训练和军事理论两大部分。因此，普通高等学校有义务开展军事理论教学相关课程，并且所有在校本专科生有责任学习了解相关军事国防理论知识。

根据大纲要求，军事理论课应以国防教育为主线，通过军事课教学，使大学生掌握基本军事理论与军事技能，从而增强国防观念、树立国家安全意识，强化爱国主义、集体主义观念，加强组织纪律性，促进大学生综合素质的提高，为中国人民解放军训练后备兵员和培养预备役军官打下坚实基础。本课程主要是通过给大学生讲授中国国防、军事思想、国际战略环境、高技术与军事战争、中国近现代战争以及中国国家安全等问题，使高校学生了解战争的特点，明确科技与战争的关系，激发学习科学技术投身国防的热情；明确中国人民解放军的性质、任务和军队建设的指导思想，树立科学的战争观和方法论；了解我国国防的历史、现代化国防建设的现状和世界战略格局的概况，正确分析我国的周边环境，增强国家安全意识和忧患意识；正确认识战争与和平相互转化的辩证关系，懂得只有居安思危、切实增强国防力量才能提高威慑力、遏制和打赢战争，才能使和平得以实现。

二、高校军事理论课的意义

第一，在高校开展大学生军事理论教学，有助于培养大学生的爱国主义思想，增强大学生的历史责任感。通过开展中国近代战争史、国际形势和战备教育课程，使广大学子认清形势，以史为镜，居安思危，牢固树立爱国主义思想。通过军事理论课的教学，能够唤起大学生的民族自尊心和自豪感，激发大学生保卫祖国、建设祖国的热情。爱国主义教育是国防教育的核心内容，无论是军事技能训练，还是军事理论教学，爱国主义教育这条主线始终贯穿其中。中华民族有着爱国主义的传统美德，必须激发大学生对祖国的热爱，使大学生们承担起保卫祖国、建设祖国的历史使命。

第二，开展军事理论教育，有助于提高大学生的国防观念。当前，国家安全既包括国土安全、主权安全、政治安全、经济安全、国防安全、国民安全等传统内容，也包括文化安全、科技安全、金融安全、信息安全等多方面的新内容。随着我国经济发展、社会稳定、人民安居乐业，国际地位与日俱增，长久的和平环境可能使大学生对国内外敌对势力的破坏活动放松警惕，淡化安全意识。部分大学生思想麻痹，甚至会造成国家的一些机密被泄露。更有甚者可能经不起种种诱惑，不惜丧失国格人格，出卖情报，给国家安全和利益造成重大损失。通过军事理论课的深入学习，能够使当代大学生全方位理解国家安全，端正思想认识，增强国家安全意识，树立新型国家安全观，以主人翁的姿态积极享受和履行维护国家安全的各项权利和义务。

第三，开展军事理论教育，有助于大学生综合素质的提高。开展军事理论教育，能够帮助大学生树立正确的世界观、人生观和价值观，培育良好的思想道德情操，促进综合素质的提升。通过以军训为主的军事实践教育，以军人的要求来训练大学生，有利于大学生在艰苦条件下磨炼自己，树立正确的苦乐观，培养大学生百折不挠的坚强意志品质。通过开展军事化管理的集中军事训练，使学生在“整齐划一”的队列训练中形成以集体主义为核心的价值观，在“一切行动听指挥”中提高遵守纪律的自觉性，在“紧张”的氛围中培养雷厉风行的作风，在“有序”中培养文明礼貌品质和良好的生活习惯。军事实践是一项团体的活动，具有体能消耗大，对抗性、竞争性强等特点。高校组织各种项目的军事比赛、汇操表演、技术考核，不仅能够培养大学生坚韧不拔、吃苦耐劳、勇于拼搏、勇敢顽强的精神，同时也是实践教育的最好课堂。

三、高校军事理论课的学习方法

在当前的条件下，应在高校国防教育教学中引入和推广“情景模拟学习”、“案例分析学习”、“研究性学习”这三种现代学习方法，这有利于促进国防教育从传统的封闭式教育向开放式教育发展，有利于培养学生的个性化学习能力，有利于现代教育观念和学习方法在国防教育中得到推广和应用。

第一，情景模拟学习法。情景模拟学习法是指在军事理论教学中，通过创设具体生动的环境，在课堂上构建一个平等、有创造性的学习活动情境，鼓励学生大胆并且有效地合作，调动起学生的情绪和内心境界，引导学生从整体上理解教学内容的一种学习方法。它包括军事训练模拟学习方法和军人身份模拟学习方法。军事训练模拟学习主要包括武器装备技术的模拟、战役战术训练模拟、战场环境模拟、作战指挥训练模拟等。该学习方法在教学中利用各类模拟器进行训练，可以提高训练质量和战斗力，提高训练效益，缩短人才培养周期，节省训练经费，减少武器装备损耗，减少环境污染，突破传统训练禁区，同时降低实装实弹训练带来的危险。军人身份模拟学习方法是指把学生当成军人进行管理，按照条令条例的有关规定，让班长或指定的学生干部整队集合，并向老师报告后开始授课，在授课中要注意对学生进行引导，不断地暗示学生在课堂上的准军人身份，使学生自觉不自觉地用军人的标准来要求自己。通过情景模拟，让学生有亲自参与和组织战争的感受。通过仿真训练，使复杂的理论原则变得易于理解。

第二，案例分析学习法。案例分析学习法是指教师在教学中有目的地运用案例来说明讲课的内容，指导学生运用所学知识去思考、分析案例并从中找出答案的一种教学方法。国防教育中运用案例分析法的基本目的是通过向学生提供国防和战争所面临的各种问题，让学生们站在一个决策者的角度去分析思考，寻找解决问题的方法和思路，使他们在模拟决策中接受各种挑战，培养独立思考问题和解决问题的能力。案例分析学习法有利于调动学生的学习积极性，提高教学效果，深化学生对基本理论的学习。案例教学的根本目的是从具体案例中探讨带有普遍指导意义的内在规律。

第三，研究性学习法。在国防教育中，研究性学习法主要应用在那些目前国防教育理论界尚未研究到位的课题或者应用在指导国防工作的具体实践问题中。开展国防教育研究性学习的目的在于通过做好国防背景知识的铺垫，调动学生原有的知识和经验，经过讨论并提出核心问题，诱发学生深入研究国防教育问题的兴趣，并在此基础上确定研究范围或研究题目。国防教育教师应帮助学生通过搜集相关资料，了解有关研究题目的知识内容以及该题目中隐含的争议性的问题，帮助学生从多个角度认识、分析问题。在此基础上，学生可以建立研究小组，共同讨论和确定具体的研究方案，包括确定合适的研究方法、收集信息的方法、准备调查研究所要求的技能、可能采取的行动和可能得到的结果。高校开展国防教育研究性学习活动，要重视国防教育资料的积累，确定研究性学习的目标，选择研究性学习的内容，建立研究性学习的组织，划分研究性学习的实施阶段，只有这样，才能获得较好的研究性学习成果。

第一章 中国国防

国防是国家生存与发展的重要保障，关系到国家和民族的生死存亡。历史证明，国家的生存发展，离不开国家主权的独立、领土的完整、国内的安全统一和稳定团结。无论是确保国家的内政不被干涉、主权不被侵犯、领土不被分裂和占领，还是实现国家的统一、促进国家的长治久安和人民的安居乐业，都不能没有强大的国防。中华民族素有重视国防的传统，作为中华民族的一员，作为新世纪的大学生，更应该关注国防、了解国防、建设国防，吸取国防发展历史中的经验和教训，增强国防观念，自觉投入到保卫国家安全、维护民族利益、防止外来侵略的国防建设中来。

第一节 国防概述

有国就有防，国防伴随着阶级的出现和国家的形成而产生。作为一个主权国家，最重要的是生存与发展，国防是国家独立自主的前提，是国家繁荣发展的重要条件。梁启超在《新民说》中曾说："若无国防，则国难崛起，民将不得安其业。"由此可见，国防直接关系国家的安全、民族的尊严和社会的发展。

一、国防的定义及类型

根据《中华人民共和国国防法》的相关规定，国防是指"国家为防备和抵抗侵略，制止武装颠覆，保卫国家的主权、统一、领土完整和安全所进行的军事活动，以及与军事有关的政治、经济、外交、科技、教育等方面的活动。"

维护国家安全利益是国防的根本职能，捍卫国家主权、领土完整和防止外来侵略、颠覆，是国防的主要任务。不同性质和不同社会制度的国家，有着不同目标和不同特征的国防。归纳起来，国防主要有扩张型、自卫型、联盟型、中立型四种。扩张型是指一些奉行霸权主义侵略扩张政策的国家，为了维护本国在世界其他地区的利益，打着防卫的幌子，对别国进行侵略、颠覆和渗透活动，把国防作为侵略别国主权和领土，干涉他国内政的借口。自卫型则主要是依靠本国力量，广泛争取国际上的同情和支持，以维护本国安全，维护周边地区和世界的和平稳定。如我国的国防是为了保卫国家主权和领土完整，是全民式的自卫型国防。联盟型则是以结盟形式，联合一部分国家来弥补自身力量的不足。中立型主要是指中小国家为了保障本国的安全，严守和平中立的国防政策，制定总体防御战略和寓兵于民的防御体系。

二、国防的特征

现代国防又叫社会国防、大国防、全民国防，它是对传统国防的继承和发展，是一种全新的国防观念和国防实践活动，其显著不同于传统国防。

第一，现代国防是存在多种斗争形式的综合角逐。现代国防的斗争，不仅继续以双方军事实力在战场上进行武力较量为基本形式，而且也是通过非武力斗争形式进行的角逐，如政治斗争、心理斗争、经济斗争、科技斗争以及外交谈判、军备控制等。

第二，现代国防是国家综合国力的集中体现。综合国力主要由人力、自然力、政治力、经济力、科技力、精神力和国防力等组成。其中，经济实力、国防实力和民族凝聚力是综合国力的基本要素，经济实力是基础，国防实力是支柱，民族凝聚力是灵魂。现代国防与国家的综合国力有着密切的联系，国家的发展水平制约着武器装备发展水平和国防力量的总规模。事实证明，没有强大的综合国力，国防建设只能是空中楼阁。此外，现代国防不仅依靠国家的现实实力，还依靠国家的潜力以及将潜力转化为现实实力的能力。诸如国土面积、地理位置、自然资源、生产能力、人口数量和质量、科技和文化水平、交通运输、通信状况、国家政策、管理能力、国际关系和国际地位等。如何充分运行本国所具有的各种条件，并在战时迅速而有效地使其转化为战争能力，是一个国家综合国力强弱的根本体现。

第三，现代化国防通常走质量建军的高科技道路。在历史上，“兵多将广”曾是一支军队强大的标志。科学技术的发展改变了战争理念并打破了“兵多必胜”的传统观念。抓住大战一时打不起来的有利时机，科技强军，走质量建设之路，走精干的常备军和强大的后备力量相结合的质量建设道路，是各国国防建设和发展的共同选择。

第四，现代国防既是一种国家行为又是一种国际行为。国防是一个国家持续发展的前提条件，只有国防巩固，才能确保国家的安全和稳定，才能为经济发展提供一个稳定的国内国际环境，人民也才能安居乐业。经济全球化的发展趋势，使得每个国家的发展离不开国际环境。世界的和平与战争、经济的繁荣与衰退，都是一个国家持续发展的相关因素，也涉及国防的方方面面。如果一个国家周边国家局势动荡，该国就得在经济、外交、国防等方面给予更多的关注，以迎接各种可能的挑战。世界任何角落，只要出现一丝动荡，就可能对全球造成一系列的“蝴蝶效应”，引发许多国家剑拔弩张。

第五，现代国防具有威慑功能。威慑功能是和平时期国防的主要功能。现代国防可以不进行战争，而是运用强大的国防力量，采用多种手段，发挥最大的影响力，给对方造成巨大的压力，使敌人不敢动用武力，以保证本国获得最大的利益。富国强兵，不战而屈人之兵，是国防的最佳选择。

第六，现代国防具有多层次的复合目标。由于各国的国家利益不同，特别是经济利益不同，所制定的战略也各有千秋，再加上各国军事实力和综合国力的差异，就使得现代国防呈现出多层次的目标体系。从范围上，可分为自卫目标、区域目标和全球目标。一些国家由于在本国国土之外的经济利益有限，加上自身实力不足，因此，这些国家只能将国防目标定位于最基本的一个层次上，即自卫目标的国防，着眼于维护本国主权和领土完整。一些国家虽然在世界范围都有自己的经济利益，但不奉行扩张政策，或者军事实力达不到全球范围，所以，只能将防卫目标锁定在本国及周边区域，也就是说，设定区域目标的国防在维护本国安全利益这个层次上再提高一步，努力为本国的发展创造一个良好的周边环境，并扩大自卫的纵深和弹性。少数实力雄厚的国家，国家利益遍及全球，或者出于保护本国利益的目的，或者出于称霸世界的企图，将国防的目标对准世界，以维护世界和平、稳定和消除战争危险，或进行侵略扩张，将自己的意志强加给别国。总的来说，国防因国家性质、制度、国家立场及其推行的政策不同而具有不同的特征。但是，所有国防的着眼点都是捍卫和扩大本国的国家利益。

三、现代国防的基本内容

现代国防经历了一个由萌芽到成熟、由初级到高级的演进过程，人类社会进入

20世纪90年代以后，特别是随着信息时代的到来，大兵压境不再成为威胁的主要标志，攻城略地不再成为争夺利益的基本手段。现代国防以政治、经济、军事、科技、文化等方面互为目的、互为手段，与此同时，军事安全与其他安全之间的传统界限正在变得越来越模糊。国防发展到今天，已不再是单纯的军事问题，而是一个涉及社会各个领域的庞杂的系统工程。作为传统国防的继承和发展的现代国防，主要包括国防体制、国防战略、国防政策、国防力量、国防科技、国防工业、国防卫生、国防工程、国防教育、国防动员、国防法规以及与国防有关的其他方面的建设。

四、现代国防的基本目的

（一）维护国家主权

主权是一个国家的根本标志，是一个国家具有的按照自己的意愿，根据本国情况，选择自己的社会制度、国家制度、组织政府，独立自主地处理其国内事务而不受他国干预或限制的最高权力。如果一个国家的主权被剥夺，其他的一切，包括国家独立、领土完整、政治制度、社会准则、生活方式和国家荣辱等，就无从谈起。因此，捍卫国家主权始终是国防中最主要最根本的内容。

（二）保卫领土完整

领土是指位于国家主权支配下的地球表面的特定部分以及领海和领空，是构成国家的基本要素之一。它包括领陆、领空、领水及底土。20世纪90年代以后，随着信息时代的到来，国界的概念有了进一步的发展，如电磁频谱划界、信息网络划界、大洋划界、太空划界等，随着国家利益突破本土疆域向地区和全球拓展。“国界”已远远突破传统的地理界线，实际上已是国家对各类资源的主权和控制的范围的边界；与此相适应，国土防卫已超越传统的陆、海、空三维，延伸至陆、海、空、天、电（磁）全维时空。

（三）维护国家安全

国家要正常地生存和发展，必须有一个安全的内外环境。一个国家如果没有和平、稳定的国内外环境，不仅难以得到建设和发展，其生存也会受到威胁。因此，维护国家的安全，也是国防的主要目的之一。一旦国家遭到外来侵略、颠覆，国防就必须履行自己的职能，以抵御和挫败外来的侵略和颠覆，确保国家的和平、稳定状态。当国内敌对分子勾结外国敌对势力进行武装暴乱而危及国家安全时，国防力量就要采取措施，防止和平息这种内外勾结的暴乱，从而保卫国家安全。

（四）保障国家和平发展

国防必须保障国家的发展，而保障国家发展的重点就是保障国家的经济利益。没有强大的国防，就不可能有经济的发展。当今世界和平与发展是时代的主题，但霸权主义和强权政治依然存在，地区间的冲突依然存在。这一系列不稳定的因素都对我们国家的发展存在威胁，只有我国建立起了强大的国防，才能震慑到那些对中国仍然虎视眈眈的外敌，才能够为经济的发展创造一个稳定的国际环境。

（五）维护国际安全与合作

国际安全合作主要包括地区安全合作、履行国际军控和防扩散条约、进行军事交流与合作、参加联合国维和行动和国际救灾行动等。中国倡导和实践互信、互利、平等、协作的国际合作的新安全观，坚持和平共处五项原则，坚持睦邻友好、互利共赢，推进国际安全合作，加强对外军事交流与合作。

第二节　国防法规

国防法规是国家法律的重要组成部分，是加强国防和武装力量建设的重要依据，是调整国防领域中各种关系、坚持依法治军、全面提高部队战斗力和国防实力的重要保证，是做好战争准备、赢得战争胜利的根本保证，也是衡量一个国家国防建设是否制度化的重要标志。

一、国防法规的含义

国防法规是调整国防和武装力量建设领域各种社会关系的法律规范的总和。国防法规的内容主要包括国防领导体制、武装力量的体制编制、战争准备和动员、全面防御、国防建设、军费开支、国防教育、国防科研、国防生产、公民兵役义务、武装力量建设、军队人事管理、军事犯罪惩罚等多方面的法律法规。国防法规作为国防活动的基本法律规范，其主要任务是调整和规范国家在国防领域中的各种社会关系，把国防建设纳入法制化轨道，确保军队革命化、现代化、正规化建设总目标的实现。

二、中国国防法规的立法体系

根据我国《宪法》的要求，从中央到地方建立与健全了国防法制机构，并先后颁布了一系列法律、法规、条令、条例，形成了多门类、多层次的国防立法体系。这对于完善社会主义法制、增强全国人民的国防观念、加强武装力量建设和做好反侵略战争的准备，都具有重要的意义，为我国的现代化国防建设提供了重要保障。概括起来，我国现行的国防法规在纵向结构上可划分为五个层次。

第一层次，是国家最高权力机关即全国人民代表大会及常务委员会制定的国防法律。全国人民代表大会及常务委员会是唯一拥有国家立法权的机关。凡是重要的国防立法，包括颁布基本军事法律和法规，均须经过全国人民代表大会及常务委员会讨论通过。例如，为保证平时和战时的兵员征集，军人服役和退役，民兵、预备役及在校学生的军事训练而制定的《中华人民共和国兵役法》；为保护军事设施不受毁坏和侵犯而制定的《中华人民共和国军事设施保护法》等。这些法律的地位和效力最高，立法程序严格，通常要经过提案、审议、通过、发布等主要环节，具有较强的稳定性，是制定其他规范性法律文件的基本依据。

第二层次，是国务院和中央军委制定的国防行政法规。国务院是我国最高的行政机关，中央军委是我国最高的军事机关，它们都是国家最高权力机关的执行机关。它们制定的国防法规，在我国的国防体系中占有重要的地位。它们依照国家宪法、军事法律的有关条款，就国防建设、军队建设的有关重要问题，制定条令、条例、决定、规定等，以国务院和中央军委的名义单独或合署发布。如《中国人民解放军干部任免暂行条例》、《革命烈士家属、革命军人家属优待暂行条例》、《中华人民共和国人民防空条例》等。

第三层次，是国务院各部（委）和军委各总部制定的行政规章。国务院各部（委）和军委各总部在各自的管理范围内，制定和颁布的行政规章，或报国务院、中央军委批准，由各部（委）和各总部发布并实施。如《关于征集兵员政治条件的规定》、《关于加强军队组织纪律性的决定》、《关于保护通信线路规定》等。这种立法文件的数量大、范围广，既有国务院各部（委）和解放军各总部单独颁布的，也有两个以上部（委）和总部合署颁布的。

第四层次，是各军兵种、大军区的相关军事规定。我军是一个诸军兵种合成的军队，各战区、各军兵种都有其特殊性。上级制定的法律和法规往往只是一些基本原则，要贯彻执行这些原则性规定，需要比较具体的实施细则和管理办法。另外，由于这些细则或管理办法的业务性、技术性和时间性很强，因此，必须由各军兵种、各大军区分别制定。例如，陆军备兵种颁发的《战斗条令》、海军颁发的《舰艇条令》、空军颁发的《空军条令》、大军区颁发的《内务条令若干章节贯彻执行细则》等。这些条例、细则是直接根据军事法规或有关法律制定的，具有较强的法律效力和严密的规范性。在内容上具有从属性，受国家立法制约；在法律的效力上具有地域性，它只限本军兵种或本军事部门使用。

此外，省、较大市的地方性的国防立法也是国防法规体系的重要组成部分。为确保国家国防法规的贯彻实施，各省、市人民代表大会和政府根据本地区的实际情况，有权制定一些地方性国防法规。例如，辽宁省制定的《国防教育条例》、各市人民政府根据《兵役法》和《征兵工作条例》制定的《征兵工作规范》等。

三、国防法规的地位和作用

国防法规是国家法律的重要组成部分，是规范国家有关机构、相关军事单位及公民与国防有关行为的法律依据。我国国防法规在国防建设中的地位和作用主要体现在以下 4 个方面。

第一，有利于实现国防决策的权威性和高效性。从国防实践看，只有建立权威、高效的国防决策机构，才能对战争作出迅速、果断的决策。在我国大力发展经济的今天，受长期和平环境的影响，部分人员的国防意识淡薄。现代国防要求对危及国家安全或国家根本利益的局势迅速作出反应。为适应这种需要，要根据我国的国情，通过一系列国防法规确定国防体制，建立具有最高权威和高效率的国防决策机构——中共中央军事委员会。它既适应和平时期的国防建设，又能对突发事件迅速作出反应。

第二，是加强国防实力建设的重要保障。国防实力是指能直接作用于国防的现实力量，包括：常备力量、后备力量、武器装备、国防基础工程设施等。只有借助于国防法律的手段，才能调整国家内部各力量要素的最佳结构和比例关系，以便获得最佳的整体效益。因此，国防法规的制定和执行，是加强国防实力建设的重要保障。

第三，是指导国家战争潜力积蓄的重要手段。国防潜力是指与国防有关的尚未作用于国防的潜在力量。国防在国家生活中的重要地位，要求平时各行各业在进行经济建设的同时不忘国防建设，要考虑战时的需要，注意国防潜在力的发展，这一切需要用国防法规来加以规范。

第四，是促使国防潜力向国际实力转化的重要机制。国防建设的实质是战争准备。一旦国家面临战争，就要通过国防动员法等国际法规迅速将国防潜力转化成国际实力，发挥国家的整体力量，赢得战争的胜利。

四、我国主要国防法规简介

(一)《中华人民共和国国防法》

《中华人民共和国国防法》(以下简称《国防法》) 于1997年3月14日由第八届全国人民代表大会第五次会议审议通过。该法共12章70条，主要规定了国防活动的基本原则，国家机构的国防职权，武装力量的构成、任务和建设，国防动员和战争状态，公民、组织的国防义务和权利，对外军事关系等。《国防法》是我国国防和武装力量建设的基本法，该法明确了关于国防建设的基本原则即抵御外敌入侵，防止颠覆，维护国家安全，捍卫国家主权，保证国家领土、领海、领空不受侵犯，坚持全民自卫，坚持国防建设与经济建设协调发展以及独立自主处理国防事务等原则。该法确立了国防建设的基本制度，如兵役、军事人事、军事经济、国防科技、国防动员、国防协调会议、国防教育等。该法还对党对武装力量和国防活动的领导及国家机构的国防职权进行了明确。此外，该法还规定了公民、国家机关、社会组织国防方面的权利和义务。

(二)《中华人民共和国兵役法》

《中华人民共和国兵役法》(以下简称《兵役法》) 于1998年12月29日由第九届全国人民代表大会常务委员会第六次会议通过。该法共12章68条，规定了我国的兵役制度，主要包括公民的兵役义务和权利、兵员的平时征集和战时动员、预备役人员的军事训练、高等院校和高级中学学生的军事训练以及违反兵役法的惩处等主要内容。

(三)《中华人民共和国国防教育法》

2001年4月28日，《中华人民共和国国防教育法》(以下简称《国防教育法》) 在中华人民共和国第九届全国人民代表大会常务委员会第十一次会议上通过。《国防教育法》从我国开展全民国防教育的实际情况出发，坚持以毛泽东军事思想、邓小平新时期军队建设思想、江泽民国防与军队建设思想、胡锦涛国防与军队建设思想为指导，认真贯彻党中央、国务院、中央军委关于新时期加强国防建设的一系列指示，对《国防法》的相关内容作了进一步细化和规范，是具有中国特色的国防立法和教育立法的重要组成部分。

（四）《中华人民共和国反分裂国家法》

《中华人民共和国反分裂国家法》（以下简称《反分裂国家法》）的制定经过了长期酝酿与准备。早在20世纪90年代初，香港和澳门回归的相关法律问题解决之后，就有过立法解决台湾问题的讨论，提出了关于制定“台湾法”的问题。21世纪以来，“台独”势力日益猖獗，严重危害了中华人民共和国的主权，引起了全球华人的极大愤慨。2000年7月，国台办专门针对民革中央的提案——《关于尽快制定“反分裂国家行为法”的建议》召开了小范围的专项研究和讨论。全国人大专门设立起草该法案草案的工作班子，认真研究了近几年来关于对台立法的意见和建议。全国人大常委会正式启动《反分裂国家法》的立法程序，最后汇总草拟了《反分裂国家法（草案）》。在2004年12月25日举行的十届全国人大常委会第十三次会议上，常委们认真审议了《反分裂国家法》，出席会议的常委会组成人员全票通过了《反分裂国家法》。它是一部争取和平解决台湾问题、实现祖国和平统一的法律；是一部促进两岸关系发展、推进两岸和平统一的法律；是一部维护国家主权和领土完整，反对和遏制“台独”分裂势力分裂国家，维护台湾地区和平稳定的法律；是一部符合中华民族根本利益的法律。

（五）《中华人民共和国国防动员法》

《中华人民共和国国防动员法》（以下简称《国防动员法》）于2010年2月25日中华人民共和国第十一届全国人民代表大会常务委员会第十三次会议通过，自2010年7月1日起施行。这部法律的出台，对依法加强中国国防动员建设，增强国防潜力，进而维护国家安全和发展具有重要意义。《国防动员法》共14章72条，分别对国防动员的组织领导机构及其职权，国防动员计划、实施预案与潜力统计调查，与国防密切相关的建设项目和重要产品，预备役人员的储备与征召，战略物资储备与调用，军品科研、生产与维修保障等方面作出了明确规定。根据《国防动员法》的规定，国家的主权、统一、领土完整和安全遭受威胁时，全国人大常委会依照《宪法》和有关法律的规定，决定全国总动员或者局部动员。国家主席根据全国人大常委会的决定，发布动员令。

(六)《征兵工作条例》

《征兵工作条例》由国务院、中央军委于1985年10月24日发布，根据2001年9月5日《国务院、中央军事委员会关于修改〈征兵工作条例〉的决定》修订。该条例是根据《中华人民共和国兵役法》的有关规定制定的。这一条例共10章55条，分别对各级军区、人民武装部及征兵处关于征集新兵及其有关的工作作出了明确的规定。

五、公民国防权利和义务

(一) 公民的国防义务

国防义务，是指宪法和法律规定公民和组织在国防活动中必须履行的责任，由国家强制力保证其落实。国防是国家生存和发展必不可少的条件，每一个公民和社会组织都必须分担相应的国防义务，我国国防法规规定公民的国防义务主要有六大方面。

第一，履行兵役的义务。《宪法》第55条规定："保卫祖国、抵抗侵略，是中华人民共和国每一个公民的神圣职责。依照法律服兵役和参加民兵组织是中华人民共和国公民的光荣义务。"服兵役是公民最重要的一项国防义务。它要求公民根据国家法律规定，在军队中服役或在军队之外承担有关军事方面的责任。应征服役是公民依法履行兵役义务的主要形式，服预备役和参加民兵组织是公民依法履行兵役义务的普遍形式。每个公民都应自觉履行兵役义务，为神圣的国防事业作出自己应有的贡献。

第二，维护国家统一和安全的义务。《宪法》第52条规定："中华人民共和国公民有维护国家统一和全国各民族团结的义务。"维护国家的统一是指任何公民都不得破坏、变更和以其他各种形式分裂肢解国家领土；维护国家政权的统一则是指不允许任何公民以各种方式分裂国家政权，破坏国家的统一，不允许任何人以任何方式把国家主权割让给外国；维护国家的安全主要是指维护国家的领土、主权不受侵犯，国家各项机密得以保守，社会秩序不被破坏。公民履行维护国家统一和安全的义务，就要有高度的爱国主义精神和爱国主义行动，把国家利益置于至高无上的地位，自觉维护国家统一、安全、荣誉和利益，绝不做危害国家安全、民族荣誉和国家利益的事。

第三，保护国防设施的义务。《国防法》第52条规定："公民和组织应当保护国防设施，不得破坏、危害国防设施。”国防设施包括军事设施、人民防空工程、国防交通工程设施和其他用于国防目的的设施。国防设施是国防的物质屏障。在战时，它是打击敌人、抵抗侵略的重要依托；在平时，它具有制约敌对力量的威慑作用。因此，保护国防设施，确保其效能的实现，是巩固国防、维护国家安全利益的具体体现。

第四，保守国家军事机密的义务。《国防法》第52条第3款规定：“公民和组织应当遵守保密规定，不得泄露国防方面的国家秘密，不得非法持有国防方面的秘密文件、资料和其他秘密物品。”国防方面的国家秘密，主要是军事机密，不仅关系着政权的巩固和社会的稳定，而且关系着未来战争的胜败和领土的得失，影响着整个国家的生存、安全与发展。因此，保守国防方面的国家秘密，是公民的一项重要的国防义务。公民在履行这些义务时，必须牢固树立保密意识。

第五，接受国防教育的义务。《宪法》第24条规定：“在人民中进行爱国主义、集体主义和国际主义、共产主义的教育。”《中华人民共和国国防法》第52条规定：“公民应当接受国防教育。”《国防教育法》第五条规定：“中华人民共和国公民都有接受国防教育的权利和义务。”“普及和加强国防教育是全社会的共同责任。”在国防教育中，对于拒不履行接受国防教育义务的公民，要视情节追究法律责任。除《中华人民共和国国防法》和《中华人民共和国国防教育法》之外，我国已有10多个省、市、自治区颁布施行了国防教育条例。这些地方性法规也对公民的国防教育权利和义务等作了明确规定。

第六，支持和协助国防活动的义务。《国防法》第53条规定：“公民和组织应当支持国防建设，为武装力量的军事训练、战备勤务、防卫作战等活动提供便利条件或者其他协助。”公民履行支持和协助国防活动义务时，应正确认识国防活动的意义，明确国防的战略地位和作用，不断提高履行国防义务的自觉性，正确处理国家安全利益与个人利益的关系；当两者发生矛盾时，要从国家安全大局出发，个人利益服从国家安全利益；在工作和生活中为武装力量提供力所能及的帮助，只要武装力量建设或作战需要，公民就应根据自己的能力和条件，自觉提供便利和协助。具体来讲包括四个方面：一是支持国防建设的义务；二是为武装力量活动提供便利条件的义务；三是支持民兵、预备役建设的义务；四是支前参战的义务，包括踊跃参军、配合部队作战、服从征用、积极担负战备勤务、支援前线作战等。

（二）公民的国防权利

公民、组织的国防权利是指宪法、法律赋予公民、组织在国防活动中享有的权利，国家从法律和物质上保障公民享有这种权利的可能性。根据我国国防法规的有关规定，我国公民依法享有三个方面的权利。

第一，对国防建设提出建议的权利。《国防法》第 54 条规定："公民和组织有对国防建设提出建议的权利。"在我国，人民是国家的主人，公民和组织有权关心国防建设，有权对国防建设提出建议，这既是我国公民权利的体现，也是国家倾听人民的意见和建议，大力加强国防建设的需要。

第二，对危害国防的行为进行制止的权利。《国防法》第 54 条规定："公民和组织有对危害国防的行为进行制止或检举的权利。"国防关系到国家的存亡、经济的发展、人民的安宁，国防利益是国家和人民的根本利益。因此，维护国防利益是维护国家安全的直接体现，制止、检举危害国防的行为，不仅是公民和组织的义务，也是公民和组织的权利。

第三，国防活动中经济损失补偿的权利。《国防法》第 55 条规定："公民和组织因国防建设和军事活动在经济上受到直接损失的，可以依照国家有关规定取得补偿。"这一规定，体现了我国一切为人民利益的社会主义本质，既保护了公民和组织的经济权利，又有利于调动公民和组织依法积极参加国防建设和军事活动。

第三节　国防建设

国防建设是国家建设的有机组成部分。我国的国防建设，必须坚持以毛泽东军事思想，邓小平新时期军队建设思想，江泽民、胡锦涛和习近平等关于国防和军队建设的思想和论述为指导，以国防政策和军事战略为依据，坚持党的领导，坚持同国家建设协调发展，坚持全体军民共建的原则，从中国的国情出发，建设强大的现代化国防。

一、中国国防领导体制

根据《宪法》和《国防法》，中华人民共和国的国防领导职权由中共中央、全国人民代表大会及其常务委员会、国家主席、国务院、中央军委、国防动员委员会、国家安全委员会等机构共同行使。

（一）中共中央的国防领导职权

中国共产党作为执政党，是领导中国社会主义事业的核心力量。中共中央在国家生活包括国防事务中发挥决定性的领导作用，有关国防、战争和军队建设的重大决策，都是由中共中央、中央军委、中央政治局及常务委员会作出决策并通过必要的法律程序，作为党和国家的统一决策贯彻执行。

（二）全国人民代表大会及其常务委员会的国防职权

中华人民共和国全国人民代表大会是最高国家权力机关。它在国防方面的职权主要有：决定战争与和平的问题；制定有关国防方面的基本法律；选举中央军事委员会主席，根据中央军事委员会主席的提名，决定中央军事委员会其他组成人员，并有权罢免以上人员；审查和批准包括国防建设计划在内的国防经济和社会发展计划以及计划执行情况的报告；审查和批准包括国防经费预算在内的国家预算和预算执行情况的报告；改变或者撤销全国人民代表大会常务委员会在国防方面的不适当的决定；应当由全国人民代表大会行使的国防方面的其他职权。

全国人民代表大会常务委员会在国防方面的职权主要有：在全国人民代表大会闭会期间，如果遇到国家遭受武装侵犯或者必须履行国际共同防止侵略条约情况时决定战争状态的宣布；决定全国总动员或者局部动员；制定有关国防方面的法律；在全国人大闭会期间，审查和批准包括国防建设计划在内的国民经济和社会发展计划；监督中央军事委员会工作等。

（三）国家主席的国防职权

中华人民共和国主席在国防方面的职权主要有：根据全国人民代表大会的决定和全国人民代表大会常务委员会的决定，宣布战争状态，发布动员令；公布全国人民代表大会常务委员会的决定，授予在国防方面国家的勋章和荣誉称号；根据全国人民代表大会常务委员会的决定，批准或废除同外国缔结的有关国防方面的条约和重要协定。

（四）国务院的国防职权

中华人民共和国国务院是最高国家权力机关的执行机关，是最高国家行政机关。它在国防方面的职权是领导和管理国防建设事业，包括：编制国防建设发展规划和计划，制订国防建设方面的方针、政策和行政法规，领导和管理国防科研生产，管理国防经费和国防资产，领导和管理国防经济动员工作和人民武装动员、人民防空等方面的有关工作，领导和管理拥军优属工作和退出现役军人的安置工作等。

（五）中央军事委员会的国防职权

中华人民共和国中央军事委员会是最高国家军事机关，负责领导全国武装力量。其职权主要包括：统一指挥全国武装力量；决定军事战略和武装力量的作战方针；领导和管理中国人民解放军的建设，制订规划、计划并组织实施；向全国人民代表大会或全国人大常委会提出议案；根据宪法和法律，制定军事法规，发布决定和命令；决定中国人民解放军的编制体制等。

（六）国防动员委员会的国防职权

1994 年 11 月，国务院、中央军委决定成立国家国防动员委员会。国家国防动员委员会在中国共产党中央委员会、中华人民共和国国务院、中央军事委员会的领导下进行工作。其主要任务是：贯彻积极防御军事战略方针，组织实施国家国防动员工作；协调国防动员工作中经济与军事、军队与政府、人力与物力之间的关系，以增强国防实力，提高平战转换能力。

（七）国家安全委员会在国防方面的职能

2013 年 11 月 12 日，《中共十八届三中全会公报》提出“设立国家安全委员会，完善国家安全体制和国家安全战略，确保国家安全”。国家安全委员会把对外的国家安全和对内的国家安全结合在一起，把公安、武警、司法、国家安全部、解放军总参二部、三部、总政的联络部、外交部、外宣办等部门全部揉并在一起。国家安全委员会为总管军队、公安、外交、情报领域的强有力的机构。习近平指出：“国家安全委员会的主要职责是制定和实施国家安全战略，推进国家安全法治建设，制定国家安全工作方针政策，研究解决国家安全工作中的重大问题。”

二、中国新时期国防建设的主要成就

（一）铸造了一支强大的现代化合成军队

中华人民共和国成立时，人民解放军基本上是一支单一的以步兵为主的陆军，炮兵、装甲兵等技术兵种所占比例非常小，且海军、空军仅具雏形。经过 60 年的艰苦努力，人民军队实现了由单一陆军向诸军兵种合成军队的发展，不仅研制和装备了种类较齐全的常规武器装备，而且拥有了具有一定威慑力的原子弹、氢弹等尖端武器装备。伴随中国改革开放30年伟大历史进程，人民解放军坚持以现代化建设为中心。

20世纪70年代末至80年代，人民解放军走上中国特色精兵之路。依据和平与发展成为时代主题的科学判断，实现了军队建设指导思想的战略性转变，即由准备“早打、大打、打核战争”转到和平时期建设的轨道上来，在服从和服务于国家建设大局的前提下，有计划有步骤地推进现代化建设。确立建设强大的现代化正规化革命军队的总目标，开创有中国特色的精兵之路。军队进行重大调整改革，裁减员额100万，进一步朝着精兵、合成、高效的方向迈出重要一步。20世纪90年代，人民解放军积极推进中国特色军事变革，确立了以打赢现代技术特别是高技术条件下局部战争为基点的新时期军事战略方针，实施科技强军战略，制定国防和军队现代化“三步走”的发展战略，推进国防建设与经济建设协调发展。把中国特色军事变革作为军队现代化发展的必由之路，提出建设信息化军队、打赢信息化战争的战略目标。军队以军事斗争准备为牵引，加快武器装备发展，加强军兵种和应急机动作战部队建设，优化体制编制，裁减员额70万，防卫作战能力显著提升。进入21世纪，人民解放军在新的历史起点上开创现代化建设新局面。坚持把科学发展观作为国防和军队建设的重要指导方针，贯彻统筹经济建设和国防建设、实现富国和强军统一的战略思想，全面履行新的历史使命，增强应对多种安全威胁、完成多样化军事任务的能力。军队加快机械化和信息化复合发展，积极开展信息化条件下军事训练，推进军事理论、军事技术、军事组织和军事管理创新，不断提高打赢信息化条件下局部战争的核心军事能力和实施非战争军事行动的能力。

（二）形成了综合的国防工业和科研体系

国防科技和国防工业，是国家经济实力转化为军力的主要环节，是武器装备的基础和源泉。因此，没有现代化的国防科技和国防工业就没有现代化的武器装备。同时，武器装备是国防现代化的标志。不断改善武器装备的客观要求，是推动国防科技和国防工业不断发展的客观动力。

中华人民共和国成立后，党中央和毛泽东、周恩来等老一辈无产阶级革命家，为了尽快改善我国军队武器装备，大力推进国防工业和国防科研事业，1955—1959年先后新建和扩建了79个规模较大的国防工厂，成立了相应的科研机构，初步建立了我国的国防科技和国防工业体系，具备了大炮、汽车、坦克、飞机、雷达、舰艇等常规武器装备的生产能力。到1959年新中国成立10周年的时候，在北京天安门广场接受检阅的我国陆、海、空武器装备，已经全部是我国自己制造的了。改革开放后，邓小平十分重视国防科技和国防工业的发展，他强调要统一规划，统一领导，统一实施，“要从战略着眼，提出对装备的要求是什么，从而指导我们的科研和生产，提出科研和生产的任务”。他还要求军工产品一定要坚持质量第一，数量搞得少一些，把技术搞上去，把质量搞上去。要简化型号，向通用化发展。新世纪新时期，中国继续加快国防科技工业改革创新，组建国家国防科技工业局，推进军工企业战略性结构调整、专业化重组，提高武器装备研制的自主创新能力，努力构建军民结合、寓军于民的国防科技工业新体系。根据武器装备建设和社会主义市场经济发展需要，中国不断改革国防科技工业管理体制。

（三）国防后备力量建设取得了长足的发展

1985年，党中央、国务院、中央军委明确提出“精干的常备军和强大的后备力量相结合，是建设现代化国防的必由之路”这一基本指导方针之后，国防后备力量建设引起了社会各界的普遍重视和人民群众的积极参与。一是确立并实行了民兵和预备役相结合的制度，初步形成了有中国特色的国防预备力量体系。二是注重宏观指导，合理布局，边海防、大中城市和重点地区的民兵工作得到加强。三是民兵、预备役部队参加支前、保卫边疆、发展生产、扶贫帮困，尤其是在抢险救灾和维护社会治安等方面发挥了重要作用，为国家的改革、发展和稳定作出了巨大贡献。四是健全了国防动员机构，确保国家在一旦发生战争的情况下能够很快由平时状态转为战时状态，调动足够的人力、物力、财力应对战争的需求。五是大力加强了国防教育，具体是加强了大学、高中（含相当于高中）在校学生的军训工作，深入国家机关、企事业单位、街道、社区开展国防教育和宣传，使国防教育纳入整个国民教育体系之中，走上法制化、规范化的轨道。

三、中国国防政策

（一）国防政策的含义

国防政策是国家进行国防建设和国防斗争的基本行动准则。国防政策是有关国防领导力量、国防基本目标、国家军事战略方针、国防和军队建设的途径、防卫活动的指导原则、对外军事交往及合作的宗旨等问题的相关规定和说明。国家的具体国防活动以及与国防有关的其他活动，都需要依据相关国防政策为指导。

（二）基本原则和目标

我国坚持走和平发展的道路，坚定不移地奉行防御性的国防政策。我国的国防是国家生存与发展的安全保障。加强国防和军队现代化建设，维护国家安全统一，确保全面建设小康社会的顺利进行，是我国国防的主要任务。我国的国防政策以国家的根本利益为出发点，服从和服务于国家的发展战略和安全战略。我国紧紧抓住并充分利用21世纪头20年的重要战略机遇期，坚持发展与安全的统一。努力提高国家战略能力，运用多元化的安全手段，应对传统和非传统安全威胁，谋求国家政治、经济、军事和社会的综合安全。

我国维护国家安全的基本目标和任务是：制止分裂、促进统一、防备和抵抗侵略；捍卫国家主权、领土完整和海洋权益；维护国家发展利益，促进经济社会全面、协调、可持续发展，不断增强综合国力；坚持国防建设与经济建设协调发展的方针，建立符合中国国情和适应世界军事发展趋势的现代化国防，提高信息化条件下的防卫作战能力；保障人民群众的政治、经济、文化权益，严厉打击各种犯罪活动，保持正常社会秩序和社会稳定；奉行独立自主的和平外交政策，坚持互信、互利、平等、协作的新安全观，争取较长时期的良好的国际环境和周边环境。

（三）主要内容

第一，坚持中国共产党对国防特别是对武装力量的领导。《宪法》明确肯定了党在国家生活中的领导作用，包括党对国防的领导。根据《宪法》制定并于1997年通过的《国防法》进一步明确规定：中华人民共和国的武装力量受中国共产党领导。这一原则对国防政策具有特别重要的意义。它符合国家和人民的根本利益，体现了鲜明的中国特色。我国国防政策始终坚持这一原则，并将其融入国防政策的全部内容之中。

第二，巩固国防，抵抗侵略，制止武装颠覆，保卫国家的主权、统一、领土完整和安全，制止“台独”势力分裂国家，是中国武装力量的神圣职责。中国人民坚决反对任何形式的“台独”分裂活动。坚决反对任何形式的外来干涉，坚决反对任何国家向台湾地区出售武器或与台湾地区进行任何形式的军事结盟，决不允许任何人以任何方式把台湾从中国分裂出去。

第三，正确处理国防建设和经济建设的关系。坚持以经济建设为中心，集中力量把经济搞上去，是解决包括国防建设在内的当代中国所有问题的前提和基础。国防和军队建设要以国家经济建设为依托，紧密配合这个大局，始终不渝地坚持国防建设与经济建设协调发展的方针，在全面建设小康社会的历史进程中努力实现富国与强军的统一。实现国防建设与经济建设协调发展，使国防和军队发展战略与国家发展战略相适应。

第四，贯彻积极防御的军事战略方针。我国在战略上实行防御、自卫和后发制人的原则，坚持“人不犯我，我不犯人，人若犯我，我必犯人”。我国拥有少量核武器完全是出于自卫的需要，但这种防御不是消极的，防御中也有进攻。它是和平时期努力遏制战争与准备打赢自卫战争的积极攻势行动的有机统一。我国立足于用现有武器装备作战，继承和发扬用劣势装备战胜优势装备敌人的优良传统；适应世界军事领域的深刻变化，做好现代技术特别是高技术条件下的防卫作战准备。

第五，独立自主地建设和巩固国防。我国独立自主的国防政策要求：坚持不与任何国家或国家集团结盟，不参加任何军事集团；坚持从国情出发，独立自主地进行决策和制定战略；坚持主要依靠自己的力量建设国防工业和国防科技体系，发展武器装备，坚持国家利益高于一切的原则，独立地处理一切对外军事事务。

第六，实行军民结合，全民自卫。在国防建设和国防斗争中，要继承和发扬人民战争的优良传统，坚决依靠广大人民群众的力量，坚持军民结合、全民自卫的原则。在武装力量建设方面，重视民兵和预备役部队的建设，实行精干的常备军与强大的后备力量相结合。在国防斗争中发挥民兵和广大群众的威力，在边防、海防前线建立起军、警、民结合的联防体系，并重视发挥民兵在平时打击犯罪分子、维护社会治安和社会稳定的作用。加强全民的国防教育，能够充分动员广大人民群众实行全民自卫。国防工业和科技的发展，实行军民结合、平战结合的原则。在经济发展规划、工业生产布局、大型工程施工、科技教育发展、交通邮电建设等方面都要做到军民结合、平战结合，实现寓国防人才于民、寓国防科技于民、寓国防物资于民，把国防事业根植于人民群众之中。

第七，实现国防现代化。国防建设以现代化为中心是由我国国防和军队建设的主要矛盾所决定的。我国国防和军队建设的主要矛盾，是现代战争的客观需要同国防现代化、军队现代化水平还比较低的矛盾。只有坚持以现代化建设为中心，不断提高国防现代化、军队现代化的水平，才能适应现代战争特别是高技术局部战争的客观需要，有效地维护国家的安全。我国的国防现代化建设，必须从中国的实际情况出发，走有中国特色的国防现代化发展道路。国防现代化有着丰富的内容，其中国防科学技术的现代化是关键，武装力量特别是军队的现代化是重点。实现国防现代化，首先要求国防科学技术要走在发展的前列，要不断提高武器装备的现代化水平，为武装力量的现代化提供先进的物质技术基础。同时，要抓好国防人才、国防体制、国防动员、国防理论、国防法制等现代化建设，全面提高国家的综合国防力量。

第八，加速推进中国特色军事变革。人民解放军要适应世界军事发展的趋势，把信息化作为现代化建设的发展方向，逐步实现由机械化半机械化向信息化的转型。要立足国情和军情，走复合式、跨越式发展道路。坚持以机械化为基础，以信息化为主导，以信息化带动机械化，以机械化促进信息化。推动火力、机动力和信息能力的协调发展，加强以陆军、空军和第二炮兵为重点的作战力量建设，全面提高军队的威慑力和实战力。加紧军事斗争准备，人民解放军立足打赢信息化条件下的局部战争，突出加强武器装备建设、联合作战能力建设和战场建设。坚持人民战争思想，发展人民战争的战略战术。适应一体化联合作战的要求，建立能够充分发挥武装力量整体效能和国家战争潜力的现代作战体系。加强针对性演练，提高应对危机和处置各种突发性事件的能力。深化军队改革，创新发展军事理论，探索信息化条件下建军和作战的规律。按照精兵、合成、高效的原则，以组织结构调整和指挥体制改革为重点，建立和完善规模适度、结构合理、机构精干、指挥灵便的军队体制编制。实施科技强军，人民解放军依靠科技进步提高战斗力，实现由数量规模型向质量效能型、由人力密集型向科技密集型的转变。实施人才战略工程，培养高素质的新型军事人才。加强高新技术武器装备发展，改选现役武器装备，形成系统配套的武器装备体系。创新和改进训练体制、方式和手段，推动军事训练向更高层次发展。依靠国家经济科技发展，提高科学管理水平和军费使用的整体效益，走投入较少、效益较高的军队现代化建设道路。

第九，维护世界和平，反对侵略扩张行为。我国坚持和平共处五项原则，独立自主地处理对外军事关系，开展军事交流与合作，不搞霸权主义，不搞军事集团，不进行军事扩张，不在国外驻军或建立军事基地；我国反对军备竞赛，主张根据公正、合理、全面、均衡的原则，实行有效的军备控制和裁军；我国支持国际社会采取的有利于维护世界和地区和平、安全、稳定的各种活动，支持国际社会为公正合理地解决国际争端、军备控制和裁军所作的各种努力。

第四节 中国武装力量

中华人民共和国武装力量，由中国人民解放军、中国人民武装警察部队、民兵组成。中华人民共和国中央军事委员会领导并统一指挥全国武装力量。

一、中国人民解放军

中国人民解放军是中华人民共和国武装力量的主要组成部分，是抵抗侵略、保卫祖国、维护国家主权和安全的主要力量。

（一）中国人民解放军的性质和任务

中国人民解放军是中国共产党缔造和领导的，用马克思列宁主义、毛泽东思想、邓小平理论和“三个代表”重要思想武装起来的人民军队，是中华人民共和国武装力量的重要组成部分，是人民民主专政的坚强柱石。中国人民解放军的主要任务是巩固国防，抵抗侵略，保卫祖国，保卫人民的和平劳动，参加国家建设。

建军80多年来，中国人民解放军从无到有，从小到大，从弱到强，不断发展壮大。特别是新中国成立后，中国人民解放军由单一陆军发展为包括陆军、海军、空军和第二炮兵在内的诸军兵种合成军队。目前，中国人民解放军不仅掌握着种类比较齐全的常规武器装备，而且拥有具有一定威慑力的原子弹、氢弹、战略战术导弹等尖端武器装备。应该说，当年以“小米加步枪”威震敌胆、扬威中外的中国人民解放军，已经发展成为诸军兵种合成、具有高技术条件下作战力的现代化军队。所以说，中国人民解放军是捍卫社会主义祖国的钢铁长城，是建设有中国特色社会主义和维护世界和平的重要力量。无论是历史还是现实，无一例外的表明，中国人民解放军在中国革命和建设的实践中，在建立和巩固新中国的国防事业中，都具有不可替代的作用。

（二）中国人民解放军的构成

中国人民解放军由现役部队和预备役部队组成。

1. 现役部队

现役部队由中国人民解放军陆军、中国人民解放军空军、中国人民解放军海军三大军种，及一个独立兵种即中国人民解放军第二炮兵组成。目前中国人民解放军保持230万人的总规模，主要担负防卫作战任务。

第一，陆军。陆军建立于1927年8月1日，建立之初长期以步兵为主，土地革命战争时期有了少量的骑兵、炮兵、工程兵和通信兵，解放战争时期建立了坦克兵和防化兵。20世纪50年代，成立了炮兵、装甲兵、工程兵和防化兵等兵种领导机关。80年代以来，陆军结构发生重大变化，增设了陆军航空兵、电子对抗兵等兵种，并于1985年组建陆军集团军。经过81年建设，陆军已由单一兵种发展成为诸兵种合成的现代陆军，成为既能独立执行作战任务又能与海军、空军和第二炮兵实施联合作战的强大军种。陆军主要在陆地执行作战任务，目前未设置独立的领导机关，领导职能由四总部（中国人民解放军总参谋部、总政治部、总后勤部和总装备部）代行，沈阳、北京、兰州、济南、南京、广州、成都七个军区直接领导所属陆军部队。中国人民解放军陆军现役兵力共150万人，由步兵、装甲兵、炮兵、防空兵、航空兵、工程兵、防化兵、通信兵、电子对抗兵、侦察兵等兵种和各种专业勤务部队组成。

第二，海军。中国人民解放军海军成立于1949年4月23日。1949年至1955年，先后组建水面舰艇部队、岸防兵、航空兵、潜艇部队和陆战队，确立了建设一支轻型海上作战力量的目标。1955年至1960年，先后组建了东海、南海和北海舰队。20世纪50年代至70年代，海军的主要任务是在近岸海域实施防御作战。80年代以来，海军实现了向近海防御的战略转变。进入21世纪，海军着眼信息化条件下海上局部战争的特点规律，全面提高近海综合作战能力、战略威慑与反击能力，逐步发展远海合作与应对非传统安全威胁的能力，推动海军建设整体转型。经过近60年建设，海军已初步发展成为一支多兵种合成、具有核常双重作战手段的现代海上作战力量。军内为一个独立军种，级别为大军区级。现有兵力约23万人，占解放军总人数的10%。其中包括海军航空兵2.5万人，海军岸防部队2.5万人，海军陆战队4万人。其指挥机构为海军司令部以及海军政治部、海军后勤部和海军装备部。

第三，空军。空军成立于1949年11月11日。1949年至1953年，陆续成立了军委空军、军区空军领导机关，组建了歼击、轰炸、强击、侦察、运输航空兵、空降兵部队和一批院校，并组织中国人民志愿军空军参加抗美援朝作战。1957年空军和防空军合并，实行空防合一体制。20世纪60年代至70年代，确立了重点发展防空力量的指导思想，逐步发展成为一支国土防空型的空军。90年代以来，空军进入快速发展时期，陆续列装了第三代作战飞机、第三代地空导弹以及一批较先进的信息化武器装备，加强了以战略理论为核心的军事理论建设，确立了攻防兼备的战略思想，空军开始由国土防空型向攻防兼备型转变。经过近60年建设，空军现役兵力共42.07万人，占解放军总人数的17%，空军有1.5万名飞行员，空降兵2.4万，已初步发展成为一支多兵种组成的战略军种，具备了较强的防空和空中进攻作战能力、一定的远程精确打击和战略投送能力。

第四，第二炮兵。中国人民解放军导弹部队（简称第二炮兵），组建于1966年7月1日，现役兵力共13万人，编有23个旅，由地地战略导弹部队和常规战役战术导弹部队组成。地地战略导弹部队由近程、中程、远程和洲际导弹部队，工程部队，作战保障、装备技术保障和后勤保障部队组成，是一支具有一定规模和实战能力的主要核威慑和战略核反击力量。常规战役战术导弹部队是装备常规战役战术导弹武器系统，遂行常规导弹突击任务的部队。

2. 预备役部队

预备役部队是国家平时以现役军人为骨干，以预备役军官、士兵为基础，统一编制，为战时能迅速转为现役部队而组建起来的部队。它是中国人民解放军的重要组成部分，是具有一定战斗力的准正规部队，是战时首批动员的后备力量，是中国人民解放军后备力量建设的重中之重。预备役部队组建于1983年，1986年8月预备役部队正式列入人民解放军建制序列。1995年5月，全国人大常委会审议通过《预备役军官法》。1996年4月，中央为预备役军官评授军衔，分为陆军、海军、空军和兵种预备役部队。其师（旅）、团已列入军官建制序列，授有番号、军旗，执行中国人民解放军的条令、条例。预备役部队平时隶属于省军区（卫戍区、警备区）建制领导，海、空军预备役师归海、空军建制，平时受海、空军和省军区双重领导。战时动员后，归指定的现役部队指挥或单独遂行作战任务。

近年来，预备役部队在组织建设、军事训练等方面迈出了新的步伐，逐步扩大选编范围，改进编组方法，积极探索行业对口编组、跨区域编组、联片编组等多种编组模式；坚持按纲施训、依法治训，建立正规的训练秩序；落实《预备役部队军事训练与考核大纲》规定，年度训练任务按编制人数的1/3安排，预备役军官每年训练30天，训练内容根据战时可能承担的任务和兵员素质确定。预备役部队加快由数量规模型向质量效能型、由直接参战型向支援保障型转变，努力实现与现役部队建设紧密结合、优势互补、相互促进、协调发展。

(三) 中国人民解放军军衔制度

军衔是指军队中对不同职务的军人授予的等级称号，军衔将军人的荣誉称号、待遇等级和职务因素融为一体，使其兼有调整部队指挥关系和调整个人利益关系的两种功能。军衔分为永久军衔和临时军衔两类。一般所称军衔是指永久军衔。军衔一般分为帅、将、校、尉、士官、士兵6级（部分国家不设元帅级别），每级再细分数等级。军衔制度的意义，主要是有利于提高军人的荣誉感和责任心，加强军队的组织纪律性，方便部队的指挥与管理，促进正规化建设，对国际联盟作战和军队间交往也具有重要作用。我国当前实行的军衔制按照级别等级排列依次为列兵、上等兵；下士、中士、上士、四级军士长、三级军士长、二级军士长、一级军士长；少尉、中尉、上尉；少校、中校、上校、大校；少将、中将、上将。

二、中国人民武装警察部队

中国人民武装警察部队同中国人民解放军一样，都是中国共产党领导的国家武装力量。中国人民武装警察部队组建于1982年6月19日，由内卫部队和黄金、森林、水电、交通部队组成，列入武警序列的还有公安边防、消防、警卫部队。内卫部队由各总队和机动师组成。武装警察部队根据人民解放军的建军思想、宗旨、原则，按照其条令、条例和有关规章制度，结合武装警察部队特点进行建设，执行《中华人民共和国兵役法》，享受人民解放军的同等待遇。

(一) 中国人民武装警察部队的任务

《中华人民共和国国防法》规定，中国人民武装警察部队担负国家赋予的安全保卫任务，维护社会秩序。它是人民民主专政的重要工具之一。

中国人民武装警察部队的主要任务是：维护国家主权和尊严；维护社会治安；保卫党政领导机关、重要目标和人民生命财产的安全；经常性执勤；应对公共突发事件；国际反恐合作；维护边境沿海地区社会治安与口岸出入境秩序等任务，战时配合人民解放军进行防卫作战。中国人民武装警察部队的武器装备轻便、精良，以步兵轻武器为主，兼有少量重型武器和特种武器。中国人民武装警察部队有自己的服装式样、识别标志和军衔等级。中国人民武装警察部队自重新组建以来，在巩固和加强人民民主专政、维护社会治安、维护国家主权和尊严、参加社会主义现代化建设等各项任务中，都发挥了重要作用。所以说，中国人民武装警察部队是国家必不可少的人民武装力量。它的存在，直接关系到国家和社会的稳定，关系到人民生命财产的安全和人民民主专政的国家政权的巩固。

（二）中国人民武装警察部队的组成

中国人民武装警察部队组建于1982年6月19日，由内卫、边防、消防、警卫部队以及黄金、水电、交通、森林警察部队组成。中国人民武装警察部队依其任务不同分为三类。第一类，内卫部队（由各省总队和机动师组成）。这是武警部队主要组成部分，受武警总部的直接领导。其主要任务，一是承担固定目标执勤，保障国家重要目标的安全；二是处置各种突发事件，维护国家安全与社会稳定；三是反恐怖任务，主要是反袭击、反劫持、反爆炸；四是支援国家经济建设，遇到有严重灾害时，执行抢险救灾任务。第二类，边防、消防和警卫部队。这是列入武警序列并由公安部门管理的部队。其中，边防部队主要担负边境检查、管理和部分地段的边界巡逻以及海上缉私；消防部队主要担负防火灭火任务；警卫部队主要担负党和国家领导人、省市主要领导及重要来访外宾的警卫任务。第三类，黄金、水电、交通和森林部队。这是列入武警序列，受国务院有关业务部门和武警双重领导的部队。其中，黄金部队主要担负黄金地质勘探、黄金生产任务；水电部队主要承担国家能源重点建设项目，包括大中型水利、水电工程以及其他建设任务；交通部队主要担负国家交通重点建设项目，包括公路、港口及城建等施工任务；森林部队主要担负森林的防火灭火以及维护林区治安、保护森林资源的任务。

三、中国民兵

中国民兵是不脱离生产的群众武装组织，是中华人民共和国武装力量的组成部分，是中国人民解放军的强大后备力量。

（一）中国民兵的任务

中国民兵的主要任务：积极参加社会主义现代化建设，带头完成生产任务；担负战备勤务，保卫边疆，维护社会治安；随时准备参军作战，抵抗侵略，保卫祖国。中华人民共和国成立后，中国民兵配合人民解放军、武警部队和公安部门，在保卫祖国尊严和领土完整、维护社会治安和稳定的斗争中，在抢险救灾和工农业生产中，发挥了生力军和突击队的作用，创造了辉煌的业绩。应该说，中国民兵成为国家武装力量的组成部分，在建设祖国、保卫祖国中发挥了重大作用。所以说，在未来反侵略战争中，随着战争的现代化，需要更多的民兵在更广的范围、更大的规模上配合和支援军队作战。因此，民兵在未来战争中的战略地位仍然十分重要，仍然是反抗外来侵略和进行人民战争的重要力量。

（二）中国民兵的组成

中国民兵是国家的后备武装力量。全国的民兵工作在国务院、中央军委领导下，由总参谋部主管。各大军区按照上级要求，负责本区域的民兵工作；省军区、军分区和县（市）人民武装部是本地区的民兵领导指挥机关；乡、镇、部分街道和企事业单位设有人民武装部，负责民兵和兵役工作。民兵一般以乡（镇）、行政村和厂矿企业为单位，按照民兵人数多少，分别编为班、排、连、营、团。目前，我国民兵已经遍及广大城乡，并编有应急分队和高炮、高机、便携式防空导弹、地炮、通信、防化、工兵侦察兵分队以及海军、空军的一些专业分队，能随时遂行作战任务。

第五节 国防动员

国防动员是国防潜力转化为国防实力的桥梁，平时充分做好国防动员的准备，战时快速高效地实施动员，对于国家的统一与安全具有重要的意义。

一、国防动员概述

（一）国防动员的概念

国防动员也称战争动员，是国家或政治集团由平时状态转入战时状态，统一调动人力、物力、财力为战争服务所采取的措施。国防动员直接关系到战争的胜负，关系到国家的安危。所以，世界各国都非常重视国防动员。这一活动具有三个要素。一是国防动员的主体主要是国家；二是国防动员的对象是人力、物力、财力；三是国防动员的目的是适应战争需求，为战争服务。国防动员通常包括武装力量动员、国民经济动员、人民防空动员、交通运输动员和政治动员等领域。

国家在和平时期进行动员准备，将武装力量动员和国民经济动员、人民防空动员、交通运输动员及国防教育纳入国家总体发展规划和计划。武装力量动员包括人民解放军现役部队和预备役部队、武警部队、民兵和预备役人员，以及相应的武装设备和后勤物资动员等，主要任务是平时做好兵员动员准备，在需要时征召预备役人员和适龄公民入伍，保障军队迅速扩编、改编和扩充其他武装组织，并组织参战支前，配合部队作战。国民经济动员包括工业动员、农业动员、科技动员、物资动员、商业贸易动员、财政金融动员等，主要任务是平时结合经济建设有组织、有计划地进行动员准备，战时根据需要调整机关及资源配置集中控制和调动国家的财力、物力，增加武器装备和其他军用物资的生产，保障战争需要。人民防空动员包括群众防护动员、人防专业队伍动员、人防工程物资技术保障动员、人防预警保障动员等，主要任务是动员社会力量进行防空设施建设，组建和训练防空专业队伍，开展人民防空宣传教育，组织人员疏散隐蔽，配合防空作战，消除空袭后果。交通动员包括交通运输和邮电通信动员，主要任务是平时组织交通、通信行业的专业保障队伍建设、国防基本设施建设、装备建设、战备建设、战备物资储备、民用运力动员准备，战时组织交通、通信设施的抢修、抢建，组织部队机动、物资补给等方面的交通运输保障。

现代国防动员要求动员速度要快、数量要多、质量要高、范围要广，还要隐蔽安全。近年来，军队和地方政府有关部门根据相关法规，联合组织实施了交通运输、联合防空袭等国防动员演练。中国正进一步健全国防动员法规，完善国防动员体制，积极推动国防动员建设不断向现代化方向发展。

（二）国防动员的地位与作用

国防动员是国防活动的重要内容之一，是准备和实施战争的重要措施，是关系国家安危的大事。无论是古代战争还是现代战争，全面战争还是局部战争，常规战争还是非常规战争，都离不开动员。毛泽东曾明确指出，“革命战争是群众的战争，只有动员群众才能进行战争只有依靠群众才能进行战争。”① 动员了全国的老百姓，就造成了陷敌于灭顶之灾的汪洋大海，造成了弥补武器等缺陷的补救条件，造成了克服一切战争困难的前提。国防动员的这种重要地位，决定了国防动员在赢得战争胜利等关系到国家安危的重大活动中具有非常重要的作用。

第一，可以将战争潜力转换为战争实力。为赢得胜利提供足够的战争实力，是国防动员活动的基本功能。这一功能的实现，是国家通过平战体制的转换和资源的重新配置予以完成的。战争是实力的较量，一个国家纵然拥有雄厚的财富，但是如

① 《毛泽东选集》第1卷．北京：人民出版社，1991：131.

果这些财富仅仅作为战争潜力，不能把它迅速地转换为战争实力，仍然难以用于战争并发挥作用。国家持续不断地保持战争实力的供给，才能把战争进行到最后直至胜利。动员是国家把战争潜力转化为战争实力的转换器，也是持续保障战争实力不可或缺的重要活动。

第二，可为遏制危机提供强大的威慑力量，遏制战争的爆发。20世纪后半叶，在美苏两大集团严重对峙的冷战条件下，国防动员的应战功能由过去的“为赢得胜利提供足够的战争实力”拓展到“为遏制危机提供强大的威慑力量”。进入21世纪后，随着和平与发展的时代主题越来越深入人心和世界和平力量的持续增长，许多国家和地区已把遏制危机和战争作为军事战略的重要或首要任务。实践中，也有许多国家通过显示实力并表露使用武力的决心，有效地消弭了威胁，遏制了战争。战争动员的这种“止战”的功能越来越突出。

第三，可以为应对突发事件提供有效措施，有利于维护社会稳定和人民群众生命财产安全。国防动员活动对于国家处置重大突发事件能发挥重要作用，当国家遇到自然灾害、社会不稳定的紧急状态时，国防系统可以凭借自身特有的功能和力量在抵御自然灾害和保持社会稳定等方面作出贡献。

第四，可以减轻国家负担，为经济和社会发展提供一定的支援。国防动员活动可以达到“平时少养兵，战时多出兵”的目的。和平时期，任何国家都没必要也不可能维持庞大的战争准备规模。因此，各国都在加强预备役部队建设，加强寓军于民的各项动员准备。做好了这些工作，就可以把省下来的经费转用于发展经济，从而达到增强综合国力、富国强兵的目的。从这个意义上可以说，做好战争动员准备，也是促进国家经济和社会发展的需要。

二、国防动员的内容

国防动员的主要内容通常包括：武装力量动员、国民经济动员（工业、交通、科技动员）、群众防卫动员（民防动员、人民防空动员）、政治动员，有的国家（如美国）将工业动员和经济动员并列为两大主要内容；有人亦将科学技术动员单列，以突出科技因素在现代国防动员中的地位。

（一）武装力量动员

武装力量动员，即国家将军队和其他武装组织由平时转为战时体制。武装力量是遂行战争任务的主体，武装力量动员是国防动员的核心。武装力量动员通常包括现役部队动员、预备役部队（预备役人员）动员和民兵动员。现役部队动员又分野战部队动员和地方部队动员。其主要任务是平时做好兵员动员准备，在需要时征召预备人员和适龄公民入伍，保障军队迅速扩编、改编和扩充其他武装组织，并组织参战支前，配合部队作战。

（二）经济动员与交通运输动员

国民经济动员，即国家将国民经济各部门和相应的国家机构，有组织有计划地由平时状态转入战时状态，充分调动国家的经济能力，提高生产水平，保障战争的需要。工业动员就是通过各种平战转换渠道，改组民用和军用企业，提高军品生产能力，保障战争需要。工业动员是经济动员的重点，也是经济动员中最复杂的问题。其主要内容是：统筹安排军需民用，调整工业布局，改组生产与产品结构，实行快速转产，扩大军品生产；组织工厂企业必要的搬迁、复产以及战备物资、生产原材料储备的隐蔽疏散和分配等，最大限度地把工业潜力转化为实力，为战争服务。农业动员，就是在战争爆发后农业劳动力和农业机械大量减少的情况下，调整农业结构，尽力扩大生产，达到既能保障战争所需要的粮食以及某些工业原料，又能保障人民生活的需要，并为前线提供人力、畜力和机械运输工具。交通运输和邮电通信动员，就是把国家交通运输、邮电通信等行业的力量组织起来，如调动铁路、民航、远洋船队、公路、水路、邮电通信等行业平时业已组成的预备役部队，为战争服务；改善交通网络，按计划对各种运输工具进行采购征用，综合运用多种运输手段；将邮电通信设施等迅速转为战时状态，确保指挥、通信畅通无阻。

（三）科学技术动员

科学技术动员主要是把国家有关科研部门和这些部门的专家、学者、工程技术人员等组织起来，大力进行战争所需要的科学技术的开发研究；加紧培养和造就大批科学技术力量，并合理使用这些力量，有计划地为武装力量输送专业技术骨干，保证战时扩编的需要；广泛采用新技术、新材料、新工艺，研制和发展新型武器装备，力争保持国家在战争过程中军事科学技术处于优先地位，以适应战争需要。其他动员，就是除上述部门外，对国民经济其他部门和行业进行的动员。总之，凡是能够担负支援战争任务的国民经济部门，都要不失时机地实现平战转换，为战争服务。随着高技术在现代战争中的大量运用，科学技术日益成为决定现代战争胜利的重要因素，科学技术动员成为国防动员的重要组成部分。其主要任务是，平时保持精干的国防科研队伍研究开发现代战争需要的高技术武器装备，储备战时生产技术和工艺等；战时，迅速将全国科技力量转入战时轨道，将科技力量转化为军事实力和战斗力，充分运用先进科技成果和各种先进的科技手段，迅速改变和更新武器装备；加速为军队输送各类专业技术人才，保证战时扩编需要，保持参战人员与武器装备的有机结合，使之发挥最大的效能。

（四）人民防空动员

人民防空作为国防的重要组成部分，已成为国家总体战略和经济社会发展的重要内容，对于遏制战争发生，保存战争潜力，减轻战争危害，保护国家和人民生命财产安全，保障社会主义现代化建设事业的顺利进行具有不可替代的作用。人民防空动员包括群众防护动员、人防专业队伍动员、人防工程物资技术保障动员、人防预警保障动员等。其主要任务是动员社会力量进行防空设施建设，组建和训练防空专业队伍，开展人民防空宣传教育，组织人员疏散隐蔽，配合防空作战，消除空袭后果。

人民防空教育，是国防教育的组成部分，也是人民防空建设的重要内容之一。《中华人民共和国人民防空法》规定："国家开展人民防空教育，使公民增强国防观念，掌握人民防空的基本知识和技能。"深入开展人民防空教育，增强全民国防观念和人防意识，提高防护技能，对弘扬爱国主义，凝聚民族精神，保障人民生命财产安全，夺取未来反侵略战争的胜利，具有十分重要的现实意义。

人民防空建设的指导思想是以毛泽东思想、邓小平理论和江泽民同志一系列重要论述为指导，以《中华人民共和国人民防空法》为依据，紧紧围绕新时期军事斗争准备，贯彻"长期准备、重点建设、平战结合"的方针，努力适应打赢高技术局部战争和发展社会主义市场经济的需要，深化改革，不断提高战备效益、社会效益和经济效益。

人民防空建设的基本原则是必须走中国特色的建设之路，坚持人民防空建设与经济建设相协调，与城市建设相结合；坚持人民防空与要地防空、野战防空相结合；坚持战时防空与平时防灾救灾相结合；坚持长远建设与应急建设相结合；坚持国家建设与社会、集体、个人建设相结合。做到着眼全局，统筹规划，同步建设，协调发展，突出重点，分步实施，科技强业，注重效益，依法建设，依法管理。

人民防空建设的总目标是建立统一高效的组织指挥体系、布局合理的防卫工程体系、灵敏可靠的通信警报体系、精干过硬的专业队伍体系、保障得力的疏散体系、现代化的科研和人才培养体系，努力提高人民防空的整体抗毁能力、快速反应能力、应急救援能力和自我发展能力，以应对现代战争及重大灾害事故，有效保护国家和人民生命财产安全。

（五）政治动员

政治动员，主要指围绕实施战争而进行的宣传教育和政治鼓动。政治动员分为国内动员和国际动员。国内政治动员，是政府、军队和社会团体等，运用各种宣传舆论工具，对全国军民进行国防教育，要求发扬爱国主义和革命英雄主义精神，增强国防观念，使之对战争的性质、目的有明确的认识，树立抵抗侵略、保卫祖国的思想，坚定打败敌人、争取胜利的信心。国际政治动员，是国家通过各种外交活动和对外宣传，揭露敌人的战争阴谋，控诉敌人的残暴罪行，争取国际上友好国家和中立国家人民的声援和支持，建立国际的统一战线，甚至结成必要的国际联盟。

三、国防动员的组织实施

国防动员的实施过程，由若干个环节组成，按一定的工作步骤和次序展开。认识并掌握其规律，对科学安排动员工作，提高效率，实施快速动员，具有重要的意义。国防动员实施的基本程序是：进行动员决策、发布动员令、充实动员机构、修订动员计划、落实动员计划。

（一）进行动员决策

正确地进行动员决策，是国防动员实施过程中首先需要解决的问题。因为一旦实施动员，整个国家的政治、军事、经济、文化、外交等均相应地转入战时体制。如果动员决策失误，动员为时过早或规模过大，会影响国民经济的发展，造成国内不必要的紧张，在国际上也会处于被动地位；动员为时过迟或规模过小，则会影响武装力量的战略展开和整个国家转入战时体制，造成战争初期的巨大损失。所以，国防动员决策机构必须把握时机，适时决策，使动员既不失之于过早，又不失之于过迟；既不失之于过小，又不失之于过大。

进行国防动员决策的关键，是正确分析判断敌情。要充分利用各种手段，广泛收集各国（包括敌对国家）的政治、经济、军事等情况，并对这些情报进行综合分析，尽早洞察敌对国家的战争企图，判定战争威胁是潜在的还是现实的，是全面的还是局部的，是一国的还是国家集团的，从而视情况确定动员实施的时机、规模和方式等。

（二）发布动员令

动员令是宣布全国或部分地区、某部门转入战时状态的命令。动员令的发布，关系到战争的胜负和国家的命运，各国大都由最高权力机关或国家元首、政府首脑发布。《中华人民共和国国防法》第10条规定："全国人民代表大会依照宪法规定，决定战争和和平的问题，并行使宪法规定的国防方面的其他职权。""全国人民代表大会常务委员会依照宪法规定，决定战争状态的宣布，决定全国总动员或者局部动员，并行使宪法规定的国防方面的其他职权。"第11条规定："中华人民共和国主席根据全国人民代表大会的决定和全国人民代表大会常务委员会的决定，宣布战争状态，发布动员令，并行使宪法规定的国防方面的其他职权。"

发布动员令的方式，分为公开发布和秘密发布两种。公开发布动员令，一般是在战争即将或已经爆发的情况下施行，可以运用一切宣传工具和通信手段，不受任何保密限制。这种方式传递速度快，能在短期内家喻户晓，迅速转入战时体制。秘密发布动员令，一般是在战争已不可避免、但尚未爆发的情况下施行。要执行严格的保密限制，通常是根据需要，只秘密通知政府有关部门和军事机构、军工厂和需要转产的民用工厂。发布动员令是战争动员的一般程序，但不是必然程序。

动员令的主要内容有：当前的政治、军事形势，敌国发动战争的企图和本国所面临的威胁；国家进行战争的意志和决心；对战争动员的实施作出原则规定和要求；明确战时国家动员机构的组成和权限，以对整个动员工作统一指挥和协调；明确动员的规模和开始动员的日期。动员令发布之后，能否实施快速动员，很大程度上取决于动员令的传递速度。所以，无论是公开动员还是秘密动员，都应该充分运用所有允许运用的传递形式，以最快的速度将动员令传递到有关机构和人员。

（三）充实动员机构

一旦实施战争动员，和平时期的动员机构，无论在人力上还是权限上，为适应战争需要，必须及时调整和加强。一是要扩大组织，增加人员。二是要赋予职权，使动员机构具有较高的权威性。

（四）修订动员计划

国防动员计划是实施国防动员的依据。在面临战争的情况下，由于国际战略环境和国内条件都发生了变化，事先制定的动员计划难免与战争的实际情形不完全吻合，所以要及时予以修订。

修订国防动员计划，一般来说，是在既定计划的基础上进行的。若作小的修改、补充就能适应战争需要，一般不作大的修改。只有在与战争实际明显不符时，才作大的修改。为避免实施战争动员时对计划进行大的改动，在平时就要针对不同的战争规模和样式，多设计几套方案，并根据情况的不断变化逐年修订，在战争征候较为明显时及时修订，这样就可以缩小平时制定的战争动员计划与战争实际之间的距离，减少战争动员实施时修订动员计划的工作量，加快动员速度，缩短动员时间。

修订战争动员计划，要注意统筹规划，关照全局，突出重点，优先保障战争初期，照顾战争中、后期，优先保障一线战区，兼顾其他战区。修订动员计划与充实动员机构常常同时进行。

（五）落实动员计划

落实动员计划，是使计划见之于行动，实施国防动员的关键环节，必须下大力气抓紧抓好。动员令发布之后，负有动员任务的地区、部门和行业，应根据修订的动员计划，迅速转入战时体制。武装力量、国民经济、科教文化等社会所有部门都应以保障战争胜利为轴心迅速进行调整。

武装力量要迅速转入战时状态。地方政府各部门要根据上级下达的动员任务，积极实施动员计划。经济部门要迅速动员民用工厂转产，生产前线急需的武器弹药、服装和食品等；科研机关要抽出人力、物力、财力，研制、开发新型武器装备；教育部门要组织地方有关的大专院校为军队培养和输送人才；宣传文化系统要搞好政治动员，加强爱国主义、革命英雄主义和参军参战的宣传教育；外事、外贸部门要积极争取外国的军事和经济援助，并通过各种途径建立统一战线，广交朋友，打击敌人。总之，各行各业都要动员起来，落实国防动员计划，有组织、有计划地转入战时体制，为战争服务。同时，有关各部门还要检查、督促国防动员计划的落实，搞好前线战争需求信息的反馈，使动员的人、财、物更加符合战争时机。

第二章　军事思想

军事思想是关于战争、军队和国防等基本问题的理性认识，是人们长期从事军事实践的经验总结和理论概括。中国军事思想是中国社会各个历史时期，各阶级、集团及军事理论家对战争与军队问题的理性认识，包括战争观、国防观、作战思想、建军思想、谋略思想、军事哲学等。本章主要介绍军事思想的基本概念、地位、作用及形成发展过程，阐述我国现代军事思想的主要内容、历史地位及指导意义。

第一节　军事思想概述

军事思想是军事科学体系中的重要内容。它来源于人类社会各个历史时期，是人们长期从事战争和军事实践经验的理论概括，同时又给人类的军事实践以理论指导，并在军事实践中接受检验。不仅如此，军事思想所揭示的一些普遍规律，所形成的相关原则、概念和范畴，也常常被用于政治、经济、外交以及商业竞争等方面。

一、军事思想的定义

作为关于战争、军队和国防的基本问题的理性认识的军事思想，其研究的对象和内容通常包括战争观，战争与军事、国防问题的方法论，作战指导思想和原则，军队建设及国防建设的指导思想和原则等。军事思想是一种社会意识形态，它产生于一定物质生产和战争实践的基础之上，同时受其他社会意识形态的制约和影响。一定阶级和利益集团的政治观念决定着军事思想的阶级性质，制约着军事思想的发展方向。一般说来，哲学为军事思想提供认识论和方法论基础。此外，社会科学文化水平以及道德、宗教和法律，还有民族、地理环境等因素，也都在不同程度上影响军事思想的发展。

二、军事思想的分类和特征

（一）军事思想的分类

军事思想可按不同的标准进行分类，准确对军事思想进行分类有助于更好地了解军事思想及其发展。按时代的不同进行区分，可分为古代军事思想、近代军事思想和现代军事思想。按阶级性质的不同进行区分，有奴隶主阶级军事思想、封建地主阶级军事思想、资产阶级军事思想和无产阶级军事思想等。按地域和国家的不同进行区分，有外国军事思想和中国军事思想。按军事思想人物进行区分，有孙子军事思想、拿破仑军事思想、克劳塞维茨军事思想、毛泽东军事思想，等等。

（二）军事思想的特征

第一，军事思想具有鲜明的阶级性。阶级社会里推崇或奉行的军事思想必定是本阶级利益在军事问题上的集中反映。国家是阶级统治的工具，军队是国家政权的主要构成部分，因而，任何国家的军事思想都是统治阶级的军事思想，必然服从于本国的政治目标并为其服务。由此可见，不打阶级烙印的军事思想是不存在的。

第二，军事思想具有强烈的时代性。军事思想来源于战争实践，不同历史时期的战争有着不同的形态和战略战术以及不同的军队组织原则和编制。这种不同时代的特征往往最能反映当时的生产力水平，军事思想所反映的这些特征反映了这一时代的生产力发展水平。

第三，军事思想具有明显的继承性。战争的特性之一，是强制人们必须使自己的主观认识同客观实际相一致才能取胜。历史上所形成的许多军事原则、概念和范畴，有些因其反映了军事斗争的共同规律而流传下来为后人所继续使用，并不断地得以丰富和发展。

三、军事思想的科学体系

在《中国军事百科全书》中，军事思想是一个独立的知识门类，下设马克思、恩格斯、列宁、斯大林军事理论，毛泽东军事思想，军事辩证法，中国历代军事思想以及外国军事思想等多个学科。因此，学习了解军事思想一般知识时，应当重点学习以介绍军事领域矛盾运动的一般规律和主观指导的思想为基本内容，重点掌握以为人们研究和解决军事问题提供认识论和方法论为目的的军事辩证法。学习了解中国军事思想，则应当重点了解毛泽东军事思想，也包括邓小平新时期军队建设思想，周恩来、朱德等中国无产阶级军事家的军事理论。此外，还应了解中国历代军事思想学科，即对中国古代和近代的军事思想发展及军事思想进行介绍，还应了解外国军事思想学科，尤其是世界上一些有代表性的军事将帅和军事理论家的相关著作。

军事思想在军事学科体系中处于基础性地位，对军事学科其他门类的研究和发展具有总体指导作用。同时，军事思想又从军事学科其他门类中汲取营养，使自身不断发展。随着军事实践和军事科学的发展，新的军事专业将不断出现，如国防经济学、国防教育学、军事心理学、军事管理学，等等。新的学科和边缘学科的不断产生，为军事思想的研究开辟了新天地，提供了更丰富的原材料。

四、军事思想的形成与发展

（一）古代军事思想

1. 中国古代军事思想

萌芽期（约公元前21世纪至前8世纪）：公元前21世纪，中国建立了奴隶制的夏王朝，从此战争成为阶级斗争的最高形式。此时，尽管人们对于战争的认识处于低级阶段，但还是产生了以靠天命观指导战争为中心内容的军事思想。奴隶主在对外族发动掠夺战争或用武力镇压本族奴隶的反抗时，都是以征讨“违天命者”、“吊民伐罪”、“敬天保民”相号召，并用占卜手段，假借神的旨意和严刑厚赏驱使士卒作战。在作战方式上，该时期多是集团列阵正面冲杀，但到商代以后，作战逐渐以车兵为主。在军队指挥上，则要求行动统一，严厉管理。上述关于战争发动缘由，作战方式及战术思想，指导着夏、商、西周几个王朝的军事斗争。

发展期（约公元前8世纪至前3世纪）：从公元前8世纪初至公元前3世纪末，即春秋战国时期，中国逐渐由奴隶社会进入封建社会。为适应这些新情况的需要，产生了统率军队的专职将帅，产生了许多代表新兴地主阶级的军事家和兵书著作。著名的《孙子兵法》，标志着封建统治阶级军事思想的成熟。《孙子兵法》提出，军事斗争必须巧妙地运用权谋，即“上兵伐谋”，“必以全争于天下”，认为“不战而屈人之兵”是高明的军事家所期求的最理想的战争结局。它打破了奴隶社会的天命观，以朴素的辩证法和唯物主义思想，指出战争获胜不取决于鬼神，只要能够做到“知彼知己”，就可以“百战不殆”。它提出了“以正合，以奇胜”和“攻其无备，出其不意”的作战思想。《孙子兵法》还指出，战争胜负是由政治、经济、天时、地利、人事等多个因素所决定的，所以封建统治阶级要修明政治，顺应民心。战国后期，人们对战争的认识又进了一步。例如，军事家吴起所著的《吴子》，就探索了战争的实质，论及战争发生的根源，并把战争分成几种类型，赋予定义，提出对付各类战争的方略。军事家孙膑所著《孙膑兵法》，更主张抛弃“责仁义，式礼乐”的思想，要求用战争手段解决社会混乱局面；其作战思想则特别强调“贵势”和以奇制胜。

提高期（约公元前3世纪至公元13世纪）：从公元前3世纪末至公元13世纪，中国经历了秦、汉、晋、隋、唐、宋、元等几个大的王朝的统治和更迭。由于社会经济、政治、文化及战争的发展，军事思想也进一步得到丰富和提高。就战争种类而言，有建立封建王朝的统一疆域的战争，有多次大规模农民起义、民族起义的战争，又有国内诸民族、贵族为了争夺中央统治权而进行的战争。就军队发展而言，兵种和兵器装备有了较大的变化，不但有了独立的骑兵，而且舟师、水军参战的数量也更多了。在这一时期，出现了许多总结军事斗争经验的兵书，如曾公亮等编纂《武经总要》，总结古今兵法和本朝方略。多个王朝曾将《孙子兵法》、《吴子》、《司马法》、《六韬》、《尉缭子》、《三略》和《李卫公问对》官定为武学教材。

前进期（约从14世纪末至19世纪40年代）：从14世纪末至19世纪40年代，即从明朝至清朝后期，中国封建社会逐步走向没落的境地，不但有连绵不断的大规模农民起义战争、民族起义战争和统治者的平叛战争等，而且外国也开始入侵中国。这一时期，火器的改进和从外国引进部分先进兵器，出现了独立的水师、炮兵、工兵及其他技术兵种，加以作战对象发生了变化，在建军和作战指挥等方面都发生了相应的变化。这时，一方面出现了十分保守的只求守城保寨的单纯防守作战的思想；另一方面，又出现了从实践中总结出的带有强烈革新内容的军事思想。

2. 西方古代军事思想

西方古代军事思想以古希腊和古罗马时期的成就最为显著。古希腊色诺芬、埃帕米农达斯、亚历山大，以及古罗马的费也、汉尼拔、恺撒等军事代表人物都有丰富的军事实践。相应地，这一时期也出现了一大批有代表性的军事著作，如色诺芬的《长征记》、恺撒的《高卢战记》和《内战记》等战史著作，都反映出古代欧洲一些国家的军事思想。

（二）近代军事思想

1. 中国近代军事思想

自1840年鸦片战争后，中国传统军事学受到西方军事思想的严重冲击。以林则徐、魏源等为代表的一些有识之士，首先放眼世界，看到了西方列强“唯利是图”、“唯威是畏”的本性，主张严修武备，“以甲兵止甲兵”，坚决抵抗外来侵略。同时，他们也看到西方列强的“船坚炮利”，承认中国在军事技术方面的落后，提出了“师夷长技以制夷”的著名战略思想和“以守为战”的战略防御思想以及“器良、技熟、胆壮、心齐”的建军思想，标示着中国近代军事思想的发展方向。以孙中山为代表的资产阶级革命党人，认识到在中国“和平之法无可复施”，决心摒弃改良主义，走武装夺取政权的道路。提出军队必须与国民相结合使之成为“国民之武力”的建军思想；还在军队中建立党代表和政治工作制度，对军队进行三民主义的教育。孙中山关于建立中国国民革命军的思想，是中国资产阶级登上历史舞台后，把中国近代军事思想推向高峰的标志。1927年到1949年，蒋介石及国民党政府引进西方和日本的一些军事技术、体制编制和资产阶级军事思想，并与法西斯的军事思想掺杂混用，形成了其军事思想和政治特色。

2. 西方近代军事思想

西方近代资产阶级军事思想内容非常广泛，其大体产生于15世纪末到17世纪中叶，主要代表人物是意大利的马基雅弗利，主要代表作有《君主论》、《佛罗伦萨》、《罗马史》等；形成于17世纪中叶到19世纪上半叶，主要代表人物是拿破仑、克劳塞维茨、若米尼等，主要代表作有《战争论》、《战争艺术概论》等；从19世纪中叶到第二次世界大战结束，是西方近代资产阶级军事思想发展时期，主要代表人物有马汉、杜黑、施利芬、福煦、鲁登道夫、富勒等，代表作有《海权对历史的影响》、《现代战争》、《战争原理》、《总体战》、《装甲作战》等。

马克思、恩格斯、列宁和斯大林的军事思想，是马列主义理论体系和无产阶级军事科学的重要组成部分，以辩证唯物主义和历史唯物主义为理论基础，汲取了以往军事思想的精华，正确揭示了战争的本质和客观规律，是科学的理论体系。其主要内容包括马克思主义关于战争根源的学说、暴力革命的学说、人民战争及战略战术学说、无产阶级军队建设学说和国防建设学说等。

（三）现代军事思想

俄国十月革命及第一次世界大战以后，世界进入现代史。这个时期，科学技术突飞猛进，武器装备发生巨大变化，巨炮、雷达、坦克、飞机、航空母舰、远程导弹、精确制导武器层出不穷，热兵器能量的运用从火药转为炸药，进而使原子释放，武器破坏力大大增强，作战效能成倍增长，对战争的进程乃至结局影响越来越大。因此，不但社会、政治、经济等各种因素对军事理论的研究有倾向性的影响，军事理论往往侧重对先进主战武器的探讨。

1. 几种现代军事理论

第一，“空中战争”理论，又称空军制胜论。意大利的杜黑、美国的米切尔、英国的特伦查德被认为是这一理论的先驱，特别是杜黑在其著作《制空权》中对这一理论叙述较为细致，主要观点有由于飞机的广泛应用，将出现空中战争，空中战争的胜负决定战争结局，为此要建立与海军、陆军并列的独立空军。夺得制空权是赢得战争的必要条件，空军的首要任务是夺取制空权。空中战争是进攻性的，空军的核心是轰炸机部队，要对敌国政治、经济、军事目标实施战略轰炸，迫其屈服。

第二，“机械化战争”理论，又称坦克制胜论。英国的富勒、奥地利的艾曼斯贝格尔、法国的戴高乐、德国的古德里安、英国的利德尔·哈特是这一理论的倡导者，主张装甲坦克是战争的决定性力量，是陆军的主体；大量集中使用坦克和航空兵，实施突然有力的突击，可以迅速突破对方主要集团的防线，深入敌纵深，摧毁一个战备不足的国家；主张军队改革，建立少而精的机械化部队；机械化包括补给和战斗机械化。

第三，“总体战”理论。德国的鲁登道夫在其著作《总体战》中提出的理论，其主要观点是现代战争是总体战，它既针对军队，也针对平民，战争具有全民性，强调民族的团结在战争中的重要性；主张实行国民经济军事化；要建设好一支平时就准备好的军队；重视统帅在总体战中的作用；战争的突然性意义重大，力求闪击对方。

第四，“核武器制胜”理论。第二次世界大战战后至1991年苏联解体的冷战时期，霸权主义成为局部战争的根源。高技术在作战中逐步运用，人民处在核阴影之中，美苏两霸动辄进行核恐吓。此时军事理论研究往往围绕核武器及高技术展开，从美苏两国军事思想中可以清楚看到这一点。如美国，就以核实力确定军事战略，在杜鲁门时期，美核力量处于绝对优势，提出遏制战略，对苏及其他社会主义国家实施核讹诈；朝鲜战争后，为以最小的军事代价取得最大的威慑力量，采取大规模报复战略；在苏联打破核垄断及越南战争后，又分别推行灵活反应、现实威慑、新灵活反应等战略。在处于核优势时期，美认为自己能打赢全面核战争，则主张削减常规力量，重点发展核武器和战略空军；而在苏打破其核优势、局部战争不断发生时，美在确保核威慑的前提下，不断发展常规力量。认为核战争会造成灾难性后果，核时代的战争必然是有限战争。

2. 几个主要国家的军事策略

与各自的国家战略相适应，各国军事思想呈现不同的特点。美国军事思想的特点是以遏制、预防潜在“全球性竞争对手”为目的，加大常规、核、太空优势，建立导弹防御系统，确保自身绝对安全；重视质量建军，加强数字化、信息化建设；重视非对称作战、非接触作战，实施远距离精确打击，力求零伤亡；进一步发展空地一体战理论，提出“空地一体运筹作战”的思想（又称“空地海天联合作战”）。美国的盟国如英、法、日、德等军事思想的共同点是采取以维护自身利益为出发点的战略方针；增强军事实力，逐步摆脱对美军事依赖；重视发展高技术以带动军事技术的进步；依据各自国情、军队现况走质量建军的道路，确立与国家和军事战略相适应的军队规模。俄罗斯军事思想的特点是认为核战争的可能性大大降低，主要威胁是局部战争和武装冲突；在经济、军事力量弱于美国的情况下分别提出“纯防御”、“积极防御”和“现实遏制”战略；走质量建军之路，如明确建军原则、目标，发展太空技术，确保合理够用的核攻击力量等。中国无产阶级在长期的革命战争和国防建设实践中，吸收古今中外军事思想的有益精华，逐渐形成了毛泽东军事思想、邓小平新时期军队建设思想、江泽民国防与军队建设思想、胡锦涛国防与军队建设思想以及习近平关于国防和军队建设的重要论述。

五、军事思想的地位和作用

第一，军事思想能够为认识军事问题提供基本观点。每一个人都在一定的社会经济条件下生活，对战争来说，人们总是基于一定思想观点去评判战争、军事和军队，进而确定对其采取何种态度和行动。显然，采用不同阶级的军事思想去分析战争，其所得的结果是完全不相同的。如果用形而上学的观点去看待战争，其得到的结果要么是为侵略战争而战，要么是否定一切战争暴力的和平主义。只有运用马克思主义的科学的战争观分析战争，才能全面正确地认识战争在人类社会生活中的作用，正确判断战争的性质，坚持以正义的、进步的、革命的战争去反对非正义的、反动的、反革命的战争。

第二，军事思想能够为进行军事预测提供思想方法。科学的军事思想揭示了军事领域各种矛盾运动的规律，为人们正确地认识战争这个事物，进行军事预测提供科学的认识论和方法论。恩格斯和列宁关于资本主义列强之间的争夺将导致世界大战的预见，毛泽东关于中国抗日战争进程与结局的论断，就是科学地进行宏观预测的典型范例。这种科学预测为无产阶级、被压迫民族以及被压迫人民争取自由和解放，提供了科学的理论依据，指出了革命的道路，坚定了与反动阶级斗争的信心。非科学的军事思想则不能揭示甚至会歪曲军事领域事物矛盾运动的规律，必然导致错误的预测结果。例如，古代战争中，各朝代的帝王将相在战前拜佛抽签，战后烧香纳贡，把战争的胜利寄托在鬼神佛祖之上，其结果是不言而喻的。

第三，军事思想能够为从事各项军事实践活动提供全局性指导。人们在从事军事活动时，都需要军事思想作指导。而军事实战的成败，将直接受到军事思想科学与否的影响。以科学的军事思想为指导，军事实践就能保持正确的方向，并能达到预期的效果。中国人民在中国共产党的领导下，在长期的革命战争和社会主义建设中，能以劣势装备战胜国内外强大的敌人，其根本原因就是有科学的毛泽东军事思想的正确指导。若用形而上学的军事思想作指导，军事实践的方向就会发生偏离，就会达不到预期的目的。在第二次世界大战初期，欧洲一些国家的防御失利，其重要原因之一就是这些国家受到当时盛行的形而上学、保守主义等非科学的军事思想的直接影响。

第二节　毛泽东军事思想

毛泽东军事思想是毛泽东思想科学体系的重要组成部分，是关于当代中国革命战争和军队建设等重大问题的科学理论体系。毛泽东军事思想奠基于井冈山斗争时期，形成于土地革命战争前期，成熟于土地革命战争后期和抗日战争时期，在解放战争、抗美援朝战争和社会主义国防建设时期，继续得到发展完善。毛泽东运用辩证唯物主义和历史唯物主义，探索了战争的一般规律和中国革命战争的特殊规律，在帝国主义和无产阶级革命时代的战争与革命时期，在半殖民地半封建的落后的农业大国的国情下，解决了中国革命战争的理论和实践问题，极大地发展了马克思列宁主义军事理论和战争指导艺术，指导中国革命战争取得了胜利，巩固了社会主义中国的国防。

一、毛泽东军事思想的科学含义

毛泽东军事思想是中国军队的建军之魂、立军之本、制胜之道，是中国国防和军队建设的根本指导思想。毛泽东关于当代中国革命战争和军队问题的科学理论体系，其基本组成部分包括人民军队、人民战争以及战略战术等部分。

第一，毛泽东军事思想是马列主义的基本原理和中国革命战争具体实践相结合的产物。毛泽东军事思想的产生、形成和发展，离不开马列主义的理论基础，更离不开中国革命战争的实践，这是毛泽东军事思想的本质与基本特征。毛泽东是坚定的马克思主义者，但却不是马克思主义的循规蹈矩者。马克思主义以城市暴动为中心的理论在俄国创造了光辉的范例，而以毛泽东为代表的中国共产党人吸取中国大革命夭折的教训，开辟了以农村为根据地、走农村包围城市的道路。马克思主义要求革命以工人为主要力量，而毛泽东却创立了以农民为主体的新型人民军队。马克思主义军事经典着重阐述了正规战的理论，而毛泽东却被称为“现代游击战争之父”。此外，毛泽东关于在革命战争中根据不同时期、不同对象建立统一战线的理论，也不是马克思主义条条本本的翻版，而是马克思主义的灵魂在中国革命战争新的条件下的再生。

第二，毛泽东军事思想是中国革命战争和军事斗争实践经验的科学总结。毛泽东军事思想具有鲜明的实践性，中国人民的伟大革命实践是毛泽东军事思想赖以产生和发展的物质基础。中国人民革命战争经历了国共合作的北伐战争、土地革命战争、抗日战争、解放战争和抗美援朝战争，之后，又经历了中印和中越边境等自卫反击作战。战争之频繁、规模之巨大、情况之复杂、道路之曲折、形式之多样、内容之丰富，不仅在中国历史上是空前的，在世界历史上也是罕见的。通过这些战争，推翻了中国的反动政权，粉碎了外敌入侵，捍卫了民族独立，成立了中华人民共和国，并通过自卫反击和援助作战，巩固了国防，维护了国家安宁和世界和平。如此丰富的战争和军事斗争实践，为产生、形成和发展毛泽东军事思想提供了源泉，充分体现了毛泽东军事思想鲜明的实践性特点。毛泽东和老一辈无产阶级革命家长期活跃在战争舞台上，使他们不仅有可能从参加和指导战争的实践中总结战争经验，使之上升为理论，同时，也有条件把这些战争理论拿到战争实践中反复检验。这样通过对战争不断地实践、认识、再实践、再认识，逐步深化和完善对战争规律的认识，使主观指导符合客观实际。毛泽东曾明确地说过：“我的军事知识主要是从战争实践中来的。”可见，毛泽东军事思想是中国革命战争经验的理论升华。

第三，毛泽东军事思想是中国共产党集体智慧的结晶。毛泽东军事思想作为中国共产党的军事理论，绝非是靠一两个人的天赋所能创造的，它是全党、全军集体智慧的结晶。遵义会议后，党中央逐步形成了以毛泽东为首的领导集体，很多重大路线方针都经过党中央集体讨论，凝聚了毛泽东及其战友们的集体智慧。中国革命战争在相当一段时间内，是在彼此分割、互不相连的若干地区进行的，从而造就了一大批独当一面的领袖人物和军事帅才，他们对毛泽东军事思想的形成和发展作出了重要的贡献。毛泽东一贯遵循“从群众中来，到群众中去”的原则，注重征询多方面的意见，鼓励他们按实际情况果断处置。全党、全军和全国人民在人民革命战争中迸发出来的聪明才智，由毛泽东加以集中概括，从而成为无产阶级军事科学中最博大精深的理论体系。这正如毛泽东在1942年延安整风时指出的，“这不是我一个人的思想，是千万先烈用鲜血写出来的，是党和人民的集体智慧”。集体智慧和个人贡献是辩证统一的关系。毛泽东集党的领袖、军事统帅和军事理论家于一身，是我党军事家中的杰出代表，是中国革命理论的奠基人和集大成者，将我党的军事理论以毛泽东的名字命名，是完全符合历史实际的。

第四，毛泽东军事思想是毛泽东思想的重要组成部分。党的十一届三中全会通过的《关于建国以来党的若干历史问题的决议》指出，毛泽东思想主要内容的基本点：一是关于新民主主义革命的理论；二是关于社会主义革命和社会主义建设的理论；三是关于革命军队建设和军事战略的理论；四是关于政策和策略的理论；五是关于思想政治工作和文化工作的理论；六是关于党的建设理论。在取得全国政权前的22年里，军事斗争是我们党的工作重心，占有最突出的地位，毛泽东和他的战友们以极大的精力研究军事、指导战争，因而军事著作很自然地在毛泽东的著作中占有大量篇幅和重要地位。由于毛泽东在指导战争中将军事、政治、哲学、经济、文化、党的建设等工作熔于一炉，因而在他的其他部分论述中也不可避免地大量联系到军事斗争问题。蕴藏在毛泽东军事思想中的许多原理，也经常被毛泽东引申到重大的政治、经济等理论著作中。毛泽东对军事实践活动倾注了大量的精力，指导战争又是他一生中最光辉的经历。因此，毛泽东军事思想部分必然在其整个思想体系中占有重要的位置。

二、毛泽东军事思想的产生、形成与发展

（一）毛泽东军事思想的产生

中国共产党成立后，在国共合作时期，帮助国民党创办黄埔军校，在军队中设

立党代表和政治部，中国共产党开始直接掌握和影响部分军队，对武装斗争和军队建设问题进行探索，培养了一批党的军事干部。第一次大革命失败的严酷现实，使中国共产党人进一步认识到武装斗争和独立掌握军队的极端重要性。1927 年 8 月 1 日的南昌起义，打响了武装反抗国民党反动派的第一枪，开创了我们党独立领导武装斗争的新局面。毛泽东提出了“枪杆子里面出政权”的著名论断，又亲自发动和领导了秋收起义，并进军井冈山，建立了农村革命根据地，开辟了一条农村包围城市的中国革命道路。从“三湾改编”到“古田会议”，毛泽东提出并制定了一套较为完整的人民军队的建军原则。在反对敌人“围剿”的武装斗争中，毛泽东提出并实践了“动员群众、依靠群众和武装群众”的人民战争思想，总结出了游击战争十六字诀即“敌进我退，敌退我进，敌驻我扰，敌疲我打”的作战原则。

（二）毛泽东军事思想的形成

从 1935 年 1 月遵义会议到 1945 年 8 月抗日战争的胜利，是毛泽东军事思想的形成时期。遵义会议确立了毛泽东在党和红军中的领导地位。10 月，中央红军到达陕北，随着抗日战争的爆发，国内外和党内外的形势发生了重大变化。1936 年 12 月，毛泽东在《中国革命战争的战略问题》中，阐明了无产阶级对待战争的根本立场、观点和研究指导战争的基本方法，深刻分析了中国革命战争的特点和规律，系统地论述了中国革命战争的战略指导问题，确立了积极防御的基本原则。在后来的《抗日游击战争的战略问题》、《论持久战》和《战争和战略问题》等军事名著中，毛泽东深刻分析了中国革命战争，特别是抗日战争的特点和规律，确立了指导战争的方针和原则及战略和策略问题，把游击战提高到战略地位，创立了系统的游击战争理论，全面阐述了人民军队的建军宗旨、原则和人民战争的基本内容。至此，毛泽东军事思想已形成了比较完整的军事科学体系。

（三）毛泽东军事思想的发展

抗日战争胜利后，经过解放战争、抗美援朝战争及社会主义建设等几个阶段，毛泽东军事思想得到了全面的丰富和发展。解放战争时期，根据形势的需要，毛泽东相继发表了《抗日战争胜利后的时局和我们的方针》、《以自卫战争粉碎蒋介石的进攻》、《集中优势兵力，各个歼灭敌人》、《解放战争第二年的战略方针》、《目前的形势和我们的任务》、《评西北大捷兼论解放军的新式整军运动》、《关于三大战役的作战方针》、《将革命进行到底》等大量文章，在战争的战略战术方面，有很多创新，如战略防御和运动战理论有了发展，创立了战略进攻、战略决战和战略追击的系统理论。

新中国成立后，毛泽东明确了新的建军方向，指出，中国不但要有一支强大的陆军，还要有一支强大的空军和一支强大的海军。在抗美援朝战争时期，毛泽东根据当时的情况和特点，提出了一系列在现代条件下进行反侵略战争的理论及原则。抗美援朝战争胜利后，毛泽东提出了建设现代化、正规化的国防军队，发展尖端国防科技和实行全民皆兵的思想，并指出要在大力发展国民经济、增强国家经济实力的基础上，建立完整的国防工业体系，发展现代化的技术装备，独立自主地建设强大的国防，做好反侵略战争的准备。

三、毛泽东军事思想的主要内容

毛泽东军事思想的科学体系的主要内容由以下五个方面构成，即无产阶级的战争观和方法论、人民战争思想、人民军队思想、人民战争的战略战术和国防建设理论。

（一）无产阶级的战争观和方法论

1. 无产阶级的战争观

第一，战争的起源与根源。战争是随着私有财产和阶级的产生而产生的，用以解决阶级和阶级、民族和民族、国家和国家、政治集团和政治集团之间，在一定发展阶段上的矛盾的一种最高的斗争形式。第二，战争与政治的关系。战争是政治的特殊手段的继续，政治是不流血的战争，战争是流血的政治。和平时期的斗争是政治，战争也是政治，战争与和平既互相排斥，又互相联结，并在一定条件下互相转化。第三，战争与经济的关系。经济是进行战争的物质基础，战争不但是政治和军事的竞赛，而且还是经济的竞赛。第四，战争中人与武器的关系。“唯武器论”者总是把武器看做战争胜负的决定因素，抹杀人在战争中的决定作用。然而在人和物两个因素中，人应始终居于主导地位，而物居于被动地位。战争的力量对比不但是军力和经济力的对比，而且是人力和人心的对比，军力和经济力是要人去掌握的。第五，无产阶级进行战争的目的和消灭战争的道路。我们研究和进行战争的最终目的是消灭一切战争，实现人类的永久和平。消灭战争的方法只有一个，那就是用战争反对战争。用革命战争反对反革命战争，用民族革命战争反对民族反革命战争，用阶级革命战争反对阶级反革命战争，以求世界的和平和人类的永久和平。第六，战争的性质及对战争的态度。对于战争的性质，毛泽东进行了科学的划分，他认为，历史上的战争分为两类，一类是正义的，一类是非正义的。一切进步的战争都是正义的，一切阻碍进步的战争都是非正义的。作为无产阶级革命者，对待战争的正确态度应该是拥护正义战争，反对非正义战争。

2. 无产阶级的战争方法论

第一，遵循战争规律，研究指导战争。毛泽东认为，战争是一种社会历史现象，是客观物质运动的形式之一，像自然界和其他社会活动的领域一样，是有规律可循的。他说，“战争不是神物，仍是世间的一种必然运动……战争的特性也使人们在许多的场合无法全知彼己，因此产生了战争情况和战争行动的不确定性，产生了错误和失败。”① 然而不管怎样的战争情况和战争行动，知其大略，知其要点，是可能的。既然这样，人们就可以认识战争，把握战争的规律，并通过此去指导战争。第二，着眼于特色和发展。一切战争指导规律都是发展的，研究指导战争要从实际出发，着眼其特点和发展，客观全面地了解和掌握敌我双方各方面的情况，找出其行动的规律，使主观指导符合客观实际。第三，尊重战争的客观规律，充分发挥主观能动性。要尊重战争的客观规律，在既定的客观物质条件基础上，充分发挥人的自觉能动性，争取战争的胜利。

（二）人民战争思想

以毛泽东为主要代表的中国共产党人把马克思列宁主义关于人民群众的历史能动作用原理，创造性地运用于中国革命战争实践，形成了一套完整的人民战争思想。

首先，革命战争是群众的战争，只有动员和依靠群众，才能进行革命战争。战争力量的对比不但是军力和经济力的对比，而且是人力和人心的对比。战争力之最深厚的根源存在于民众之中，人民是胜利之本，真正有力量的是人民而不是反动派。革命战争是群众的事业，动员了广大军民，就将陷敌于灭顶之灾的汪洋大海，就能弥补武器缺陷的不足。对广大军民的政治动员是一件大事，是夺取战争胜利最基本的条件。在政治、经济发展不平衡的中国社会条件下，要首先在反动统治力量最薄弱的广大农村建立革命根据地，并采取“波浪式”的推进政策逐步加以扩大，作为进行人民战争的依托。建立了巩固的根据地，才能建立军事上、政治上、经济上、文化上的伟大革命阵地，使之成为发动群众、扩大武装、发展生产、准备干部的战略基地，成为为人民军队提供人力物力支援的巩固后方和作战的良好战场，借

① 《毛泽东选集》第2卷. 北京：人民出版社，1991：273.

以达成保存和发展自己、消灭和驱逐敌人的战争目的。建立和发展农村革命根据地，必须把武装斗争与土地革命结合起来，建立革命政权，广泛组织和武装群众。同时，也不可忽视城市工作和非根据地的农村工作。实行现代条件下的人民战争，国家必须建设巩固而强大的战略后方。

其次，革命战争是为人民利益而战的战争，要实行代表绝大多数人民利益的奋斗纲领和基本政策。战争中要兼顾人民群众的长远利益和眼前利益，重视发展生产，尽可能地减轻人民群众的负担，尽力改善群众生活，以调动和保持人民群众支持长期革命战争的积极性。必须团结一切可以团结的阶级、阶层和社会集团，利用一切可以利用的矛盾，结成最广泛的统一战线，使革命获得最广泛的国内社会基础和国际同情援助，最大限度地孤立和打击最主要的敌人。

此外，要把武装斗争这种主要斗争形式同其他各种非武装斗争形式，包括工人的、农民的、青年和妇女的斗争，经济战线、外交战线和思想文化战线上的斗争，合法的和非法的斗争，公开的和秘密的斗争等，在总体上配合起来，从一切方面的努力中不断增强革命的战争力量，削弱反革命的战争力量，使力量对比朝着有利于己不利于敌的方向逐步发展，最后达到获得力量优势、战胜敌人的目的。以人民军队作为进行人民战争的骨干力量，实行主力兵团（野战军）和地方兵团相结合，正规军和游击队、民兵相结合，武装群众和非武装群众相结合的体制。主力兵团可以随时执行超越地方的作战任务，地方兵团执行保卫地方和进攻当地敌人的任务；游击队和民兵则是正规军的助手和后备力量，主要执行在固定地区内直接配合正规军作战和保卫地方的任务。三种武装力量分工不同，紧密配合作战，是实行人民战争的正确组织形式。

（三）人民军队思想

毛泽东高度重视人民军队在夺取政权和保卫政权中的作用，强调“没有一个人民的军队，便没有人民的一切”。① 他从中国革命战争的实际出发，系统地创立了人民军队的建军原则，成功地解决了如何把以人民为主要成分的革命军队建设成为一支无产阶级性质的、具有严格纪律的、同群众保持紧密联系的新型人民军队的问题。

毛泽东军事思想指出，人民军队是中国共产党领导的，为广大人民利益而建立、而战斗的无产阶级性质的新型军队，是真正的人民军队。紧密地与中国人民站

---

① 《毛泽东选集》第2卷．北京：人民出版社，1991：153.

在一起，全心全意为中国人民服务，是这支军队的唯一宗旨。他强调，军队是执行革命政治任务的武装集团，它永远是一支战斗队，同时也执行工作队、生产队等革命政治所要求的其他任务。新民主主义革命时期，除了担负作战这项主要任务外，还要担负宣传群众、组织群众、武装群众、帮助群众建设政权以至于建立共产党的组织等工作，并利用作战间隙进行生产。中华人民共和国建立后，中国人民解放军的任务是巩固国防，抵抗侵略，捍卫人民共和国和社会主义制度，保卫人民的和平劳动，参加国家建设事业。

毛泽东军事思想认为，人民军队作为忠实执行中国共产党的政治纲领和政治路线的子弟兵，必须完全地无条件地置于中国共产党的绝对领导之下，坚持党指挥枪，绝不允许枪指挥党，兵权只属于党，绝不属于任何个人。军队的最高领导权和最高指挥权属于中国共产党中央委员会和中国共产党中央军事委员会，一切行动听从中共中央、中央军委的指挥。军队中要建立党的各级组织，作为各级部队（分队）的领导核心。党委（支部）统一的集体领导下的首长分工负责制，是党实施对军队绝对领导的根本制度。

毛泽东军事思想强调，人民军队应实行强有力的政治工作。中国人民解放军的政治工作，是中国共产党为了对军队实施领导而在军队中进行的思想工作和组织工作，是人民军队的生命线。人民军队政治工作的主要内容包括：加强军队中党组织建设，发挥党委的核心领导作用、党支部的战斗堡垒作用和共产党员的先锋模范作用。对官兵实行进步的政治教育，灌注革命精神和先进思想，培养爱国主义、国际主义和革命英雄主义精神。实行政治民主、经济民主和军事民主，实行军民一致、官兵一致和瓦解敌军的原则。按照德才兼备的原则选拔任用干部。中国共产党在军队的团和相当于团以上的单位设政治委员和政治机关，并配备相应的政治工作人员，领导和管理部队的政治工作。政治工作的任务是：保持党对军队的绝对领导和人民军队的性质；保证党的路线、方针、政策的贯彻落实；保证全体指战员充分发挥为人民而战斗而工作和训练的积极性与创造性，保证各项任务的完成。

毛泽东军事思想坚持主张军队应实行集中领导下的民主，建立自觉的严格的纪律，保持和发扬人民军队的优良传统和作风。严格执行三大纪律八项注意，尊重政府，爱护人民。时刻保持坚定正确的政治方向，灵活机动的战略战术，艰苦朴素的工作作风，做到团结、紧张、严肃、活泼。人民军队要加强正规化、现代化建设，实行统一的指挥、统一的制度、统一的编制、统一的纪律、统一的训练，加强组织性、计划性、准确性和纪律性。不断用现代化的武器和新的技术装备部队，提高战斗力。人民军队要加强教育，严格训练，严格要求，大力开展群众性练兵活动，提高官兵科学文化知识水平，掌握新的技术和随之而来的最新战术，全面提高指战员的军政素质。要办好各类院校，培养合格的军事人才。人民军队要加强军事科学研究，注重把自己的战争经验上升为理论，同时批判地借鉴中国古代和外国军事思想的有益成分，发展中国现代的军事科学。

(四) 人民战争的战略战术

毛泽东在指导中国革命战争的长期实践中，创立了一整套具有中国特色的人民战争的战略战术，成为人民军队在战争力量敌强我弱、武器装备敌优我劣的条件下克敌制胜的法宝。其基本精神是：一切从敌我双方的实际情况出发，你打你的，我打我的，有什么枪打什么仗，对什么敌人打什么仗，在什么时间地点打什么时间地点的仗；灵活机动，不拘一格，扬长避短，力争主动，利用矛盾，各个击破；进攻时反对冒险主义，防御时反对保守主义，退却时反对逃跑主义，有效地达到保存自己、消灭敌人的战争目的。

毛泽东军事思想主张积极防御，反对消极防御。在敌大我小、敌强我弱的条件下，战略防御阶段必须实行战略上的内线的持久的防御战和战役战斗上的外线的速决的进攻战，通过战役战斗上的歼灭战达到战略上不断消耗敌人，借以逐渐改变战争力量的总体对比，最终把战略防御推向战略进攻。

毛泽东军事思想要求以歼灭敌人有生力量作为作战的主要目标，不以保守或夺取城市和地方为主要目标，城市和地方的夺取或保守是大量歼灭敌人有生力量的结果。歼灭敌人有生力量，必须贯彻集中优势兵力、各个歼灭敌人的原则。力求打歼灭战，在特殊情况下也可以采取给敌以歼灭性打击的方法；力避打得不偿失或得失相当的消耗战。实现歼灭战，必须审慎地选择打击方向和攻歼目标，先打分散孤立之敌，后打集中强大之敌。每战集中优势兵力，四面包围敌人，力求全歼，不使漏网。

毛泽东军事思想提倡采取恰当的作战形式，实行运动战、阵地战、游击战相结合。就中国革命战争的全过程而言，运动战是大量歼灭敌人、决定战争命运的主要作战形式。阵地战是消耗和歼灭敌人的重要作战形式，在战略防御阶段主要执行阻击和钳制敌人的任务，在战略进攻阶段主要执行攻歼据守之敌、夺取城市的任务。游击战则应提高到战略地位，它不仅是配合正规战争必不可缺的辅助作战形式，而且在长时期内，游击战和游击性的运动战是中国革命战争的主要作战形式。运动战、阵地战、游击战，不同时期有不同的重点，应根据战争的实际情况有主有次，灵活运用，并适时实行以转换主要作战形式为主要内容的军事战略转变。力求主动，力避被动，执行有利决战，避免不利决战，应慎重出战。每战必须有准备，立足于能够应付最困难最复杂的情况，力求有胜利把握，不打无准备无把握之仗。

毛泽东军事思想号召发扬勇敢战斗、不怕牺牲、不怕疲劳、连续作战、勇于近战夜战的优良战斗作风；善于利用作战间隙休整部队，以利再战。立足现有装备战胜敌人，同时注重从作战缴获中不断充实和改善自己的装备。把对敌军的军事打击与政治瓦解结合起来，重视利用敌人营垒内部的各种矛盾，在军事打击的强大压力下开展有力的政治攻势，利用多种方式解决敌人。大力组织支援前线，搞好后勤保障，切实做好人员和各种物资的动员补充工作及医疗救护工作。

（五）国防建设理论

毛泽东现代化国防思想，是在新中国成立后国防建设的实践中逐步形成的。在夺取全国政权以后，军事斗争的中心任务已由夺取政权变为巩固政权，维护国家的主权、领土完整和安全。以毛泽东为代表的中国共产党人，根据新的历史条件，领导人民解放军在革命化的基础上进行正规化和现代化建设，使我军进入了建军的高级阶段，同时对国防建设的方方面面，作出了许多正确而又重要的指示，提出了建设现代化国防的指导路线和方针、原则，形成了具有中国特色的国防建设思想。其主要内容是：

毛泽东军事思想认为应建设现代化、正规化的国防军。他亲自主持颁布了各种条令、条例，开办了各类正规的军事院校，加强了部队训练，颁布了中华人民共和国第一部兵役法，使我军实现了由步兵为主的单一陆军向诸军兵种合成军队的转变。

毛泽东军事思想主张发展“两弹一星”的国防科技战略。毛泽东指出，我们“不但要有更多的飞机大炮，而且还要有原子弹。在今天这个世界上，我们要不受人家欺负，就不能没有这个东西”。① 在这个战略思想的指导下，在自力更生的基础上，实行了常规武器与尖端武器相结合并优先发展尖端战略武器的方针。要发展国防科技和国防工业，建立一个独立的完整的现代化的国防工业体系；要搞好战略后方建设、战场建设和战略物资储备；要开展全民国防教育，增强全国人民的国防观念和战备意识；要发展军事理论科学，研究现代化的国防，学习现代军事科学技术和现代化军队的作战指挥与新的军事制度，掌握现代化的军事思想，切实解决现代条件下建设人民军队、进行人民战争的理论和实践问题。

---

① 《毛泽东选集》第3卷．北京：人民出版社，1991：273.

毛泽东军事思想主张应坚持全民国防，实行人民战争。毛泽东指出要在全民中树立国防意识，广泛深入地开展国防教育，增强全民族的国防观念。国防建设要走军民结合、平战结合、寓兵于民的道路，在加强正规军建设的同时，加强民兵建设，强化人民战争的基础。实行野战军、地方军和民兵三位一体、平战结合的防卫体制，动员全国各族人民加强团结，提高警惕，以各种形式积极支援和参加保卫国防的斗争。

毛泽东军事思想倡导积极防御战略思想。他指出，捍卫国家安全是国防建设的基本任务，要始终把维护国家利益，有效地抵御外敌入侵和颠覆，捍卫国家的主权、领土完整和安全，为社会主义建设创造和平安宁的内外环境，作为国防建设的宗旨和根本目的。毛泽东根据国家安全利益的需要，从国际形势、我国周边安全环境和我国的具体情况出发，确立了我国的国防战略、国防建设的目标和方针。1956年，毛泽东批准了中央军委提出的阵地战结合运动战。此后，他又反复强调这一思想。20世纪50年代以后，毛泽东又相继提出"大办民兵师"、"全民皆兵"和"深挖洞、广积粮、不称霸"的战略思想。毛泽东提出要建立反对侵略、维护世界和平的国际统一战线，制止侵略战争，维护世界和平，反映了世界各国人民的愿望，也符合广大爱好和平国家的意愿，因此能够得到全世界爱好和平的国家和广大人民群众的支持和拥护。结成广泛的统一战线，团结各国人民共同反对侵略势力，是争取世界和平的中心环节。

四、毛泽东军事思想的历史地位

毛泽东军事思想是马列主义思想宝库中一颗璀璨的明珠，在中国军事发展史上具有划时代的意义，在世界军事科学发展史上独树一帜，占有重要的历史地位。

第一，毛泽东军事思想创造性地丰富和发展了马克思主义军事理论宝库。马克思、恩格斯、列宁、斯大林用辩证唯物主义和历史唯物主义的观点，批判地继承了前人研究战争的成果，创立了无产阶级的军事理论。毛泽东在此基础上，结合中国革命战争的实际，提出了以农村为革命根据地，走农村包围城市的道路的理论，进一步丰富和发展了马克思主义军事理论的宝库。

第二，毛泽东军事思想为后人留下了宝贵的思想财富。毛泽东有着深厚的中国传统文化素养，广泛吸收中国古代军事思想的精华，将辩证唯物主义运用于研究和指导战争，形成了中国历史上最先进、最科学、最完整的军事理论。毛泽东军事思想的产生，是中国军事思想发展史上一次重大变革，标志着中国无产阶级军事思想的确立，并成为中国革命胜利和国防现代化建设的理论指南。毛泽东军事思想，过去是、现在是、将来永远是我军克敌制胜的法宝。

第三，毛泽东军事思想在世界上产生了广泛而深远的影响。毛泽东是举世公认的战争艺术大师，可以这样说，在20世纪的世界无产阶级革命家中，就指挥革命战争时间之长、规模之大、经验之丰富来说，毛泽东当是首屈一指的。在中国革命取得胜利后，毛泽东军事思想受到世界各国的普遍重视，许多人开始对它进行探索和研究，许多国家都成立了毛泽东军事思想的研究会和学习会。许多有识之士，都称誉毛泽东是当代最伟大的军事家、战略家和著名的军事理论家。

第三节　邓小平新时期军队建设思想

邓小平新时期军队建设思想是对毛泽东军事思想、尤其是毛泽东建军思想的继承和发展，是对新时期军队建设规律的科学反映，是新的历史条件下军队建设和改革的依据，是建设有中国特色的社会主义理论的重要组成部分。

一、邓小平新时期军队建设思想的科学含义

邓小平新时期军队建设思想是时代的产物。邓小平作为我们党第二代领导集体的核心，又作为人民军队的统帅，直接领导了新时期军队和国防建设的伟大实践，具体回答和解决了军队在革命化、现代化和正规化建设实践中所遇到的一系列重大现实问题。他的许多重要思想都是在实践中形成的，是对新时期军队和国防建设实践的科学总结。

邓小平新时期军队建设思想是对毛泽东军事思想的继承和发展。从一般意义上说，毛泽东军事思想是马克思主义军事理论和中国革命战争实践相结合的产物，是中国革命战争和人民军队建设基本规律的理论表现。作为基本规律，它是贯穿过程始终、决定过程本质的规律。这就是说，在中国革命的历史发展中，不管发生了怎样的变化，只要有军队建设和军事斗争存在，毛泽东军事思想的基本原则就永远不会过时。

邓小平新时期军队建设思想是邓小平理论的重要组成部分。首先，解放思想、实事求是，是邓小平理论的精髓，同样，它也是邓小平新时期军队建设思想的理论

基础和精髓。如果没有解放思想、实事求是这一马克思主义的根本观点和根本方法论的指导，哪有可能进行拨乱反正，进而恢复和发展毛泽东军事思想；怎么会有和平与发展时代主题的提出，进而实现军队建设指导思想的战略性转变；哪里会冲破旧的传统观念的束缚，研究和认识高技术局部战争这个崭新的命题。第二，“一个中心、两个基本点”的基本路线，是邓小平理论的核心内容，而正是这一点构成了邓小平新时期军队建设思想的灵魂。军队是执行党的政治任务的武装集团。因此，按照基本路线建设军队，执行和捍卫基本路线，就成为军队天经地义的事情。坚持党的基本路线一百年不动摇，是我军的历史性使命。第三，以经济建设为中心、解放和发展生产力，是邓小平理论规定的新时期党和国家的根本任务。也正是这一点决定了军队在进行自身建设的同时，要把服从服务于国家经济建设大局作为一个必须长期遵循的根本方针。

二、邓小平新时期军队建设思想的主要内容

在中国特色社会主义建设的新时期，邓小平深刻把握现今时代的特征，创造性地运用毛泽东建军思想，回答和解决了新的历史条件下军队建设的新问题，形成了关于新时期军队建设的思想。

（一）当代战争与和平理论

邓小平当代战争与和平理论科学地回答了时代提出的关于战争与和平、当代战争的根源、世界大战能否避免和“一国两制”、“共同开发”等解决历史遗留问题和国际争端的方式方法，等等，为我们进一步认识当代战争提供了科学依据。

邓小平指出，军队和国防建设指导思想应根据世界格局实行战略性转变。这是邓小平根据当代中国实际和时代特征对新时期军队和国防建设提出的重要思想。邓小平认为，和平与发展是当今世界的两大主题，但霸权主义和强权政治是和平与发展的主要障碍。霸权主义是当代战争的主要根源，战争的危险依然存在，但和平力量的增长超过战争力量的增长，只要工作做得好，在较长时间内不发生大规模的世界战争是有可能的，维护世界和平是有希望的，但小的战争不可避免；基于对战争与和平问题的新判断，为了适应党和国家工作重点的转移，军队和国防建设的指导思想必须实行战略性转变，从准备“早打、大打、打核战争”的临战状态，真正转到和平时期的建设轨道上来；充分利用大仗较长时间打不起来的和平环境，在服从国家经济建设大局的前提下，抓紧时间，有计划、有步骤地加强以现代化为中心的

根本性、长远性建设，提高军政素质，增强我军在现代战争条件下的自卫能力。

邓小平提出，军队要服从整个国家建设大局。这是邓小平根据党和国家的建设大局对新时期军队和国防建设提出的重要思想。邓小平认为，以经济建设为中心，实行改革开放，大力发展社会生产力，是解决处在社会主义初级阶段的中国社会主要矛盾的客观要求，是巩固和发展社会主义的根本所在，也是面对国际竞争压力和霸权主义威胁作出的正确选择，是决定当代中国命运的一个大局问题；在相对和平时期，服从和服务于国家建设大局是军队和国防建设必须长期遵循的一个根本方针，军队要一心一意地服从这个大局，照顾这个大局，不能妨碍这个大局，要紧密地配合这个大局，而且要在这个大局下行动；军队和国防现代化建设是国家现代化建设的一个重要方面，也涉及大局，国防现代化只有建立在国家整个工业以及农业发展的基础上才有可能，经济建设的大局好起来了，国力大大增强了，再搞一点原子弹、导弹，更新一些装备，海上的也好，陆上的也好，到那个时候就容易了，国防建设必然同经济建设协调一致地发展起来；在国家一时拿不出更多的钱建设军队的情况下，军队要忍耐，要在服从大局的前提下积极地加强军队自身建设，坚持勤俭建军，精打细算，把有限的军费用得更好，用得更合理，真正用在加强战斗力上，在现有国力下加速改进军队的装备。

邓小平认为，如果工作做得好，世界大战是可以避免的。这是邓小平研究了军事运动的历史和现状得出的又一结论。邓小平认为大战避免不是无条件的，只有努力争取，促进和平力量不断发展，破坏霸权主义的全球战略部署，就可避免大战爆发。大战可以避免，绝不是说战争不会发生，大战可以避免，也不是说战争根源已不复存在。邓小平提出了用和平方式解决国际争端的新思路。邓小平针对现实指出，为了维护世界和平，应当慎重考虑用暴力方式解决国家的利益矛盾和冲突，最好代之以政治解决，即用和平方式解决国际争端。这种“以和抑战”理论丰富和发展了马克思主义理论。

（二）新时期国防建设理论

在新的历史条件下，国际形势发生了重大变化，国家建设进入了新的发展时期。邓小平在指导新国防建设的实践中，通观全局，审时度势，及时地做出了国防和军队建设指导思想实行战略性转变的重大决策，指出了正确处理国防建设与经济建设的关系以及新时期国防建设的方针、原则和措施，形成了有中国特色的国防建设理论。

邓小平认为新时期国防和军队建设立足点应适当转变，即从随时准备早打、大打、打核战争的临战状态，转到相对和平时期正常建设的轨道上来。邓小平认为，要正确处理国防和国家经济建设的关系，国防建设必须以综合国力为基础、国防建设要服从国家经济建设的大局、国防建设要与国家经济建设协调发展。邓小平强调，要建设有中国特色的现代化国防，他明确国防建设要以国家利益为最高准则，以维护国家利益为新时期国防建设的根本宗旨和目的，要坚持独立自主、自力更生的立足点。邓小平重视加强国防教育，强化全民的国防观念。国防教育能够增强全国人民捍卫国家、民族和社会主义建设的责任感和向心力，充分调动全国人民热爱、建设、保卫国家的积极性。

邓小平主张军队要担当起维护国家主权和安全的历史责任。他指出，国家的主权、安全要始终放在第一位，军队作为国家利益的捍卫者，要以维护国家利益为最高职责；我国现代化建设是在十分复杂的国际环境中进行的，最重要最紧迫的任务是要寻求一个和平的环境来实现四个现代化，而中国的问题是需要稳定；我军是人民民主专政的坚强基石，是捍卫社会主义祖国的钢铁长城，是建设有中国特色社会主义的重要力量，无论过去、现在和将来都是执行党的政治任务的武装集团，必须保持高度的警惕，扎扎实实地做好反侵略战争的准备，为保卫世界和平、祖国领土的安全，为争取台湾早日回归祖国、实现祖国统一的神圣大业作出新的贡献。

邓小平要求实行积极防御的军事战略方针。邓小平认为，虽然新的世界大战和针对我国的全面战争在较长时期内打不起来，但诱发局部战争、武装冲突和国内局部动乱的因素仍然存在，因此，必须做好必要的军事斗争准备；我们的方法是积极防御，战略问题不能太死，积极防御的好处就是灵活；积极防御，坚持自卫，后发制人，防御和进攻相结合，持久和速决相结合，军事和政治相结合。

邓小平肯定现代条件下人民战争的作用。他认为，现代战争出现了许多新的变化，但战争的基本规律没有变。坚持人民战争，是我们拥有的真正优势和力量所在。在新的历史条件下，邓小平坚信人民战争仍然是我军在未来战争中克敌制胜的法宝。他说："只要我们坚持人民战争，敌人就是现在来，我们以现有武器也可以打，最后也可以打胜。我们有这样多人口，军民团结一致，敌人要消灭我们的人民是不可能的。但是我们一定要争取有更多的时间，把装备搞上去，把部队的教育训练搞好，这样可以减少不必要的牺牲。"要把赢得战争胜利的基点放在现有武器装备上。武器装备的现代化，取决于国家经济建设和科学技术的发展状况，要有一个时间过程。我们仍是要坚持用劣势装备战胜敌之优势装备这一优良传统。现代战争是物质和精神力量的综合较量，武器装备固然重要，但人的素质和人的作用仍是战争胜负的决定因素。要把军事斗争准备的基点放在打赢现代技术特别是高技术条件下的局部战争上。这是我军实施战略指导的一大特色，也是我们军队能够赢得战争胜利的宝贵历史经验。

（三）新时期军队建设理论

邓小平指出，建设一支强大的现代化、正规化的革命军队是新时期军队建设的总目标和总任务。我军是人民民主专政的坚强柱石，肩负着保卫社会主义祖国、保卫现代化建设的光荣使命，因此，必须把我军建设成为一支强大的现代化、正规化的革命军队。实现新时期军队建设的总目标和总任务，就是要全面建设部队，提高整体水平；实现军队建设的总目标和总任务，全面提高军队革命化、现代化、正规化的建设水平，关键是要结合新的任务，解决好人的培养与教育问题，把军队办成一个大学校。

邓小平主张应始终不渝地坚持人民军队的性质。在新的历史条件下，革命化建设仍然是我军建设的根本，军队在新时期的严峻考验面前必须在政治上始终不渝地坚持人民军队的性质，始终忠于党、忠于国家、忠于社会主义、忠于人民，最根本的是要坚持党对军队的绝对领导，党要管军队，因为军队始终是党领导的。军队要维护建设有中国特色社会主义的道路、制度和政策，要维护党中央的领导权威，必须贯彻讲政治这个根本要求，高度重视思想政治建设，加强和改进思想政治工作，重视思想政治教育，认真学习马列主义、毛泽东思想，努力把马克思主义的普遍原理同我国实现四个现代化的具体实践结合起来；要加强精神文明建设，培养“四有”（有理想、有道德、有文化、有纪律）革命军人，发扬“五种”革命精神（革命和拼命精神，严守纪律和自我牺牲精神，大公无私和先人后己精神，压倒一切敌人、压倒一切困难的精神，坚持革命乐观主义、排除万难去争取胜利的精神）；要让枪杆子牢牢掌握在忠于党、忠于人民的人手里，要按照革命化、年轻化、知识化、专业化的方针和德才兼备的标准，全面加强干部队伍建设；要保持和发扬红军的优良传统与作风，特别要发扬实事求是、艰苦奋斗等优良传统和群众路线的作风。

邓小平认为，新时期我军建设的主要矛盾是现代战争的客观需要同我军现代化水平还比较低的矛盾，军队建设就是要解决现代化问题。他认为培养现代化的军事人才，是军队现代化的基础和关键，靠空讲不能实现现代化，必须有知识、有人才，要使军队干部战士掌握现代科学文化知识和现代战争知识。一定要在国民经济不断发展的基础上，在现有国力下，加速改进军队的装备，加速实现装备现代化；编制与军队现代化密切相关，如不解决，装备技术现代化是实现不了的，要搞好军队体制、编制的调整和改革，使我军的体制、编制适应现代战争的要求，要逐步实现指挥系统的现代化，加强后勤现代化建设。

邓小平强调，要提高军队建设的正规化水平。他认为，正规化建设是搞好革命化、现代化建设的重要保证；要依法治军，党有党纪、国有国法、军有军规，过去历来如此，现在更应加以强调。一定要建立和健全必要的规章制度，军队要有章程，有了章程那就要老老实实执行，对全军指战员都要进行必要的法制教育；治军要严，旨在对领导班子要严，对高级干部要严，整顿军队必须严格整顿纪律，要加强责任制。

邓小平要求要把教育培训提高到战略地位。他指出，在不打仗的条件下军队素质的提高靠教育培训。要把教育培训放在战略问题的一个重要位置上，搞好教育培训，一个方面是部队本身要提倡勤学苦练，军队的好传统、好作风也要从苦练中恢复和培养起来，另一个方面是通过办学校来解决干部问题，把更多的干部放到学校里去训练；要加强诸军兵种的合成训练，特别是要训练干部学会指挥现代战争，使干部战士经过训练后既能打仗又能搞社会主义建设。

邓小平要求要将坚定不移地走有中国特色的精兵之路作为新时期军队建设的总方针。邓小平指出，军队就是要提高战斗力，必须把提高战斗力作为新时期军队建设和改革的出发点和落脚点，作为检验军队各项工作的根本标准。新时期军队建设要讲质量，军队要整顿，要精简整编，要讲真正的战斗力，讲实战能力，搞少而精、真正顶用的现代化的东西；中国是一个大国，没有必要的武装是不行的，没有足够的武装力量不能保证安全，要贯彻精兵、利器、合成、高效的原则。

三、邓小平新时期军队建设思想的地位和作用

第一，邓小平新时期军队建设思想是当代马列主义军事理论。邓小平新时期军队建设思想，形成于我国社会主义改革开放和现代化建设的伟大实践之中。通过对当今国际形势冷静观察和正确判断，通过对新时期我国国情、军情实事求是的科学分析，邓小平提出了一系列建军方针、政策。因此，邓小平新时期军队建设思想具有鲜明的时代特征，它着眼于马列主义军事理论在新的历史条件下的运用，着眼于对国际战略形势和我国国情的深刻分析，着眼于新时期我军建设的实际，是当代马列主义军事理论在我国新时期的创新与实践。

第二，邓小平新时期军队建设思想是新时期军队和国防现代化建设的根本依据和指导方针。改革，改变了国家的命运；改革，振兴了人民军队。邓小平坚持把当

今世界各国国防和军队建设的一般规律和原则同我军的实际情况相结合，抓住我军建设中的主要矛盾，创造性地回答和解决新时期我军建设有待解决的一系列重大理论和实践问题。实践证明，在邓小平新时期军队建设思想指导下的一系列重大举措，为我国军队和国防现代化建设奠定了坚实的基础，从人员素质的大幅度提高到武器装备的长足发展，从编制构成的精干高效到政策制度的调整完善，都取得了巨大的成就。邓小平新时期军队建设思想仍将是今后军队和国防现代化建设的根本依据和指导方针。

第三，邓小平新时期军队建设思想是我军克敌制胜的理论武器。邓小平新时期军队建设思想，揭示了现代战争的特点和规律，为现代高技术条件下局部战争的作战指导提供了理论武器。邓小平提出了和平发展的新理论，极大地丰富了马克思主义的战争观。他提出了现代条件下的人民战争理论，强调把建设强大的常备军与建设强大的后备力量相结合。他为我军制定了新时期积极防御的战略方针，赋予其具有时代特点的新内涵。他为我军确定了总目标、总任务，强调以现代化建设为中心，全面加强军队质量建设，时刻做好战争准备。从上述意义上而言，邓小平新时期军队建设思想是我军赢得高技术条件下局部战争胜利的锐利的思想、理论武器。

第四节　江泽民国防和军队建设思想

江泽民国防和军队建设思想是指江泽民关于新时期军事战略、军队建设和国防建设等基本问题的科学理论体系。它是以江泽民为核心的党的第三代领导集体继承和发展毛泽东军事思想、邓小平新时期军队建设思想的体现；是根据时代发展的新要求、新任务，创立的新时期我军建军学说；是我军新时期革命化、现代化、正规化建设的纲领。

一、江泽民国防和军队建设思想的形成过程

以冷战结束和海湾战争爆发为标志，国际战略格局发生了重大变化，世界多极化、经济全球化成为重要发展趋势，世界新军事变革蓬勃兴起，高技术局部战争登上历史舞台，争夺高技术质量优势成为国际军事竞争的焦点。与此同时，我国改革开放和社会主义现代化建设不断推进，社会主义市场经济迅速发展，社会经济成

分、组织形式、就业方式和分配方式日益多样化，各种思想文化相互激荡。

1989年11月9日，在党的十三届五中全会上，江泽民当选为中央军委主席并主持中央军委工作。此后十多年，以江泽民为核心的党的第三代领导集体，全面推进我国国防和军队建设思想的发展进程，与时俱进地制定了我国军事战略、军队建设和国防建设的方针原则。1989年，江泽民明确指出，经济建设、国防建设两头都要兼顾，军队应该吃"皇粮"，军队应该由国家养起来。1990年，江泽民根据当时的形势，向全军发出"政治合格、军事过硬、作风优良、纪律严明、保障有力"的总要求。1991年，海湾战争后，江泽民严肃地指出，军队现代化建设要重视依靠科学技术进步。1992年，江泽民在十四大报告中指出：必须按照邓小平新时期军队建设思想，走有中国特色的精兵之路，把我军建设成为强大的现代化、正规化、革命化的军队。1993年，在江泽民亲自主持下，军委制定了新时期军事战略方针。1994年，江泽民特别强调指出：全军要重视学习现代科学技术知识。1995年，江泽民在十四届五中全会上指出，要正确处理国防建设与经济建设的关系。明确提出要科技强军，实现我军建设由数量规模型向质量效能型、由人力密集型向科技密集型转变。1997年，在党的十五次代表大会上，江泽民向全世界宣布在今后三年内再裁减军队员额50万。1998年，江泽民先后就军队的体制编制调整改革，坚持党对军队的绝对领导，军队政治教育和传统教育等一系列方向性、根本性的重大问题作出重要指示，采取一系列重大决策。至此，江泽民新时期建军学说形成。2001年"9·11"事件后，江泽民及时指出，全世界要联合起来打击恐怖主义，但是，打击恐怖主义不能使用双重标准。

二、江泽民国防和军队建设思想的主要内容

（一）始终不渝地坚持党对军队的绝对领导

坚持党对军队的绝对领导是我军建军的根本原则。早在"三湾改编"时，毛泽东主席就提出"支部建在连上"，以后又明确提出了"党指挥枪"的原则。在新的历史时期，必须更好地发扬人民军队忠于党的优良传统，使我军永置于党的绝对领导之下。坚持党对军队的绝对领导，保持军队性质，是我们必须始终高度关注和着力抓好的几个根本问题。在当前和今后一个时期内，"西强我弱"的局面不会有大的变化，国际敌对势力对我"西化"、"分化"的政治图谋也不会改变，各种腐朽思想、错误观点的侵蚀渗透也将长期存在。我们一定要提高警惕，毫不动摇地坚持党对军队的绝对领导。保证枪杆子永远听党指挥，这是确保人民军队的性质不变、

确保我们党执政地位的巩固、确保国家长治久安的根本政治问题。军队要以党的旗帜为旗帜，以党的意志为意志，以党的方向为方向。坚持党对军队的绝对领导，是我军的立军之本，是军队建设和发展的首要问题。对这个根本原则，任何时候任何情况下，都绝对不允许出现任何的怀疑、犹豫和干扰。一旦出现，必须坚决排除掉。

（二）实行积极防御的战略方针，立足打赢现代技术特别是高技术条件下的局部战争

实行积极防御的军事战略方针。进入20世纪80年代以来，世界范围的高技术竞争日趋激烈，各国都在调整自己的发展战略，发展现代技术尤其是高技术在军事领域的运用，武器的打击精度空前提高，作战的突然性、立体性、机动性、快速性和纵深打击的特点十分突出，拥有高技术优势的一方明显地掌握着更多的战场主动权。在新形势下要坚持和发展积极防御的军事战略方针，符合现阶段我们的国情、军情，有利于在政治上和外交上保持主动。未来军事斗争准备的基点要放在打赢可能发生的现代技术特别是高技术条件下的局部战争上。要研究现代技术特别是高技术条件下局部战争的特点和规律，要努力发展具备我军特点的作战思想，要努力解决好诸军兵种的联合作战问题，要立足于最困难、最复杂情况充分做好战争准备，要在战争指导上坚持你打你的、我打我的，要依据战争的矛盾法则进行周密作战筹划，要把战略指导和作战思想建立在客观实际的基础上，研究实行人民战争新战法。应采取各种形式和办法，努力学习高新科技知识，跟踪学习高新科技运用于军事领域之后战争样式、特点和规律发生的重大变化。要认真研究未来可能作战对象的国情、政情和军情，了解其高技术作战的能力，熟悉其作战的理论和特点。要深入研究和积极探索现代条件下人民战争的指导规律，努力探寻现代条件下以劣势装备战胜优势装备之敌的新战法。

（三）实施科技强军战略，加强军队质量，走中国特色的新兵之路

江泽民主张，推进军队质量建设，必须实施科技强军战略。科学技术是非常重要的战斗力。加强质量建设，最根本的是要在军队建设的指导上实现由数量规模型向质量效能型、由人力密集型向科技密集型转变。加快发展国防科技，集中力量把我军装备特别是“杀手锏”装备搞上去必须把国防科研和武器装备建设摆在提高军事实力的突出位置，特别要注意发展我们自己的“杀手锏”，增强我军打赢高技术战争的物质技术基础。要集中优势兵力打歼灭战；要有所为、有所不为，有所赶、

有所不赶；要以自力更生为主，引进为辅，加强自主创新；要重视武器装备的体系建设；要重视质量和效益；要加强对现有武器装备的改进和保养。

江泽民强调，必须培养和造就高素质人才。胜负的是人而不是武器，人在战争中的作用始终是第一位的。如果我们有了高素质的人才，又有了先进的武器装备，就将如虎添翼。要采取超常措施，大力选拔培养年轻干部，为军队现代化建设和军事斗争提供可靠的人才保证。坚定不移地走有中国特色的精兵之路，核心是一个“精”字。要按照“精兵合成高效”原则，积极稳妥地推进体制编制的调整改革。要紧紧围绕建设一支现代化、正规化革命军队这个总目标，朝着规模适度、结构合理、指挥灵便的方向努力，把重点放在结构调整和指挥体制改革上，增强部队联合作战、机动作战和执行多种任务的能力。

江泽民要求，必须加强后勤现代化建设，全面提高后勤保障能力。要实行统供与专供相结合的联勤保障体制，提高后勤保障能力。要加强后勤和技术保障力量建设，尤其是要提高应急综合保障能力。要加强后勤动员工作，逐步形成军民兼容的后勤保障体系。必须加强军事理论研究，发展具有中国特色的军事科学，先进的军事理论历来是军队建设得以健康发展的必要条件，是战争的重要制胜要素。必须坚持以毛泽东军事思想和邓小平新时期军队建设思想为根本指导，从我军的实际出发，面向世界，着眼未来，努力发展我们的军事理论。全军上下都要积极研究和探索新形势下治军的特点和规律、军事斗争的特点和规律、国防建设的特点和规律。

（四）“政治合格、军事过硬、作风优良、纪律严明、保障有力”的建军要求

江泽民强调，我们必须始终不懈地坚持党对军队的绝对领导，必须按照邓小平同志关于新时期军队建设的思想，走有中国特色的精兵之路，把人民解放军建设成为强大的现代化、正规化的革命军队，不断增强我国国防实力，为改革开放和经济建设提供坚强有力的安全保证。军队要努力搞好各项建设和改革，切实把教育训练摆到战略地位，提高官兵素质，使全军做到政治合格、军事过硬、作风优良、纪律严明、保障有力。

江泽民主张，要加强军队现代化、正规化建设。提高我军的战斗力，主要任务是解决现代化问题。正规化建设的一个重要任务，就是把革命化和现代化建设的基本成果和经验，用法规条例的形式确定下来，使军队各项建设都有明确的规范，做到从严治军。要按照“政治合格、军事过硬、作风优良、纪律严明、保障有力”的总要求，加强军队的全面建设，把革命化、现代化、正规化建设的目标贯彻到军队

各项工作中去。

江泽民强调，要加快国防科技和武器装备的发展，缩小与世界先进水平的差距。对于关键性的技术、关键性的武器，要下决心集中必要的财力、物力和研究力量，统一组织攻关，力争有所突破，有所创新。更要加快主要装备的发展，尤其是重点发展打高技术战争所必需的武器。同时，要加强对现有武器装备的改进和保养，实现人和武器结合。要下大力抓好部队的训练，以高质量的训练弥补技术装备的差距。同时，要科学地制定我军武器装备的发展战略和规划，坚持走重点发展、跨越式发展、系统配套发展的路子。我们要像当年搞“两弹一星”那样，继续发扬自力更生、艰苦奋斗的精神，集中力量，大力协同，尽快把我军的武器装备建设搞上去。

（五）建设符合我国国情并反映时代特征的现代化国防

江泽民认为，把经济建设搞上去和建立强大的国防，是我国现代化建设的两大战略任务。一是必须坚持以经济建设为中心，国防建设必须服从国家经济建设的大局。二是必须在集中人力进行经济建设的同时，努力加强国防建设，使国防在国家财力增加的基础上不断有所发展。因此，要大力加强国防科研，提高部队装备现代化水平。按照发展社会主义市场经济的要求，我们要坚持平战结合、军民结合，建立和完善国防工业运行机制，提高军民兼容程度，增强平战转换能力。要坚持寓军于民，形成充满活力的国防科技建设体制。

三、江泽民论国防和军队建设的指导作用

在新的历史条件下，江泽民同志创造性地运用马克思主义军事理论的立场观点和方法，分析新情况，解决新问题，科学地提出了国防和军队建设的理论方针和原则，形成了具有时代特征和中国特色的国防和军队建设思想，丰富了无产阶级军事思想的宝库。

第一，江泽民论国防和军队建设深化了军队现代化建设理论。江泽民从国际关系全局和国家发展大局来思考国防和军队建设问题，在纷繁的矛盾中抓全局性、战略性的问题，不失时机地作出科学决策和正确判断，不断创新和发展我军现代化建设的理论。提出了我军现代化建设的方针和原则，指出了我军建设的主要矛盾是现代化水平与现代战争要求之间的矛盾，规划了我军现代化建设的主要任务，构建了我军现代化建设的理论体系，极大地丰富了我军现代化建设理论。

第二，江泽民国防和军队建设思想丰富和深化了马克思主义军事理论。江泽民论国防和军队建设，极大地丰富和发展了毛泽东军事思想和邓小平新时期军队建设思想。它不仅全面和系统地探索了和平时期建设现代化国防和职业化军队的特点和规律，而且具体和深刻地解决了新形势下中国国防和军队建设的基本理论和基本实践问题，卓有建树地开创了中国国防和军队建设的具有划时代意义的新局面。

第三，江泽民国防和军队建设思想是新时期国防和军队建设的理论指南。如何打赢现代技术特别是高技术条件下的局部战争？这是江泽民提出的两个历史性问题之一，也是江泽民论国防和军队建设的核心内容。江泽民密切关注科技发展对军队建设和军事斗争准备的深刻影响，深刻分析高技术装备在局部战争中广泛运用的客观规律，提出了发展高技术武器装备的必要性、紧迫性，辩证地阐述了打赢高技术局部战争的信心问题。

第五节　胡锦涛国防和军队建设思想

胡锦涛国防和军队建设思想是胡锦涛关于新世纪新阶段我国军事战略、国防建设和军队建设的思想理论体系，是以胡锦涛为总书记的党中央根据新的国际战略格局、国家安全形势和经济全球化趋势而制定的我国国防建设和军队建设的纲领、路线、方针、政策，是对毛泽东军事思想、邓小平新时期军队建设思想和江泽民国防和军队建设思想成果的继承和发展，是新的领导集体智慧的结晶。

一、胡锦涛国防和军队建设思想的发展背景

2007年10月15日，胡锦涛同志在十七大报告中谈到开创国防和军队现代化建设新局面时说，必须站在国家安全和发展战略全局的高度，统筹经济建设和国防建设，在全面建设小康社会进程中实现富国和强军的统一。胡锦涛指出，全面履行党和人民赋予的新世纪新阶段军队历史使命，必须坚持以毛泽东军事思想、邓小平新时期军队建设思想、江泽民国防和军队建设思想为指导，把科学发展观作为国防和军队建设的重要指导方针，贯彻新时期军事战略方针，加快中国特色军事变革，做好军事斗争准备，提高军队应对多种安全威胁、完成多样化军事任务的能力，坚决维护国家主权、安全、领土完整，为维护世界和平贡献力量。

胡锦涛说，军队革命化、现代化、正规化建设是统一的整体，必须全面加强、协调推进。要始终坚持党对军队绝对领导的根本原则和人民军队的根本宗旨，深入进行军队历史使命、理想信念、战斗精神和社会主义荣辱观教育，大力弘扬听党指挥、服务人民、英勇善战的优良传统。坚持科技强军，按照建设信息化军队、打赢信息化战争的战略目标，加快机械化和信息化复合发展，积极开展信息化条件下军事训练，加紧培养大批高素质新型军事人才，切实转变战斗力生成模式。坚持依法治军、从严治军，完善军事法规，加强科学管理。

胡锦涛提出，要适应世界军事发展新趋势和我国发展新要求，推进军事理论、军事技术、军事组织、军事管理创新。调整改革军队体制编制和政策制度，逐步形成一整套既有中国特色又符合现代军队建设规律的科学的组织模式、制度安排和运作方式。调整改革国防科技工业体制和武器装备采购体制，提高武器装备研制的自主创新能力和质量效益。建立和完善军民结合、寓军于民的武器装备科研生产体系、军队人才培养体系和军队保障体系，坚持勤俭建军，走出一条中国特色军民融合式发展路子。深入研究新的历史条件下建军治军特点规律和人民战争战略战术，繁荣和发展军事科学。

胡锦涛强调，要增强全民国防观念，加强国防动员建设，提高预备役部队和民兵建设质量。各级党组织、政府和人民群众要一如既往支持国防和军队建设，军队要继续为经济社会发展作贡献。

二、胡锦涛国防和军队建设思想的主要内容

（一）坚持把科学发展观作为加强国防和军队建设的重要指导方针

科学发展观是我们推动经济社会发展必须长期坚持的重要指导思想，也是新世纪新阶段加强国防和军队建设的重要指导原则。军队要坚决服从、服务于国家经济社会发展的大局，关心支持地方经济社会发展，积极维护社会稳定，为构建社会主义和谐社会作贡献。要紧紧围绕“打得赢、不变质”，全面加强部队革命化、现代化、正规化建设，推动部队建设全面、协调、可持续发展。要牢固树立质量和效益观念，继承发扬艰苦奋斗、勤俭建军的优良传统。要贯彻以人为本的理念，充分尊重官兵的主体地位和创造精神，维护官兵正当权益。要广泛深入地开展尊干爱兵教育，引导干部骨干依法带兵、以情带兵、文明带兵，巩固和发展军队新型的官兵关系。各级党委要大力弘扬求真务实的科学精神和作风，始终把工作重心放在基层建设上，把基层党组织建设成坚不可摧的战斗堡垒。领导机关要牢固树立为基层服务

的思想，真心实意帮助基层解决实际问题，不断改善官兵的物质文化生活条件。要坚决贯彻从严治军的方针，严格执行条令条例和规章制度，确保部队的高度稳定和集中统一。

（二）有效履行新世纪新阶段军队的历史使命

党的十六届五中全会讨论通过了《中共中央关于制定国民经济和社会发展第十一个五年规划的建议》，这是指导今后一个时期中国经济社会发展的纲领性文件，也为国防和军队建设进一步指明了前进的方向。全军要认真学习贯彻五中全会精神，把思想和行动统一到党中央的决策部署上来，履行好新世纪新阶段中国军队的历史使命，自觉为维护国家发展的重要战略机遇期、确保实现全面建设小康社会的目标作出新的贡献。从2005年开始，《政府工作报告》中出现这样的提法："切实履行军队在新世纪新阶段的历史使命。"2007年的报告提出："有效履行新世纪新阶段军队的历史使命。"新世纪新阶段我军历史使命的提出，是对军队地位作用的新认识和职能任务的新概括，是新世纪新阶段党和人民对军队的新要求，是三军将士积极投身中国特色军事变革和做好军事斗争准备的旗帜和号角。

（三）科技练兵，狠抓训练

胡锦涛指出，我国安全形势发生深刻变化，我军肩负着新的历史使命，要求我们必须着眼战略全局大抓军事训练。军事训练作为和平时期生成和发展部队战斗力的基本途径，对于确保我军打赢信息化条件下局部战争，增强应对多种安全威胁、完成多样化军事任务的能力，具有至关重要的作用。胡锦涛强调，要立足机械化、信息化复合发展的实际，更加自觉、主动地进行机械化条件下军事训练向信息化条件下军事训练的转变。强军必须兴训，治训务必从严。要按照打赢信息化条件下局部战争的要求，从实战需要出发从难从严训练。要努力抓好各级各类人员训练，抓好技术战术基础、合同战术和战略战役训练，抓好战时政治工作研练和后勤、装备保障训练，加强院校教育和民兵预备役训练。坚持依法治训，按纲施训，进一步优化训练程序，强化军事训练全过程全要素精细管理。

胡锦涛指出，推进我军军事训练向信息化条件下军事训练转变，最根本、最紧要的是要在提高官兵综合素质上下工夫。要根据军事人才成长规律和各类岗位需求，加大开放式培养力度。建立完善以提高能力为核心、培训与使用紧密结合的人才全程培养机制，努力形成院校教育与部队训练衔接、军事教育与依托国民教育并举、国内培养与国外培训结合的官兵素质培养格局，使军队人力资源得到有效开发和充分利用。

（四）促进国防建设与经济建设协调发展

胡锦涛说，正确认识和处理国防建设与经济建设的关系，是中国社会主义建设中一个带有全局性的重大问题。十六大提出的坚持国防建设与经济建设协调发展的方针，是我们党对国防建设和经济建设内在规律的科学总结。经济建设是国防建设的基本依托，离开经济建设国防建设就无从谈起。国防实力是综合国力的重要组成部分，国防建设搞不上去，经济建设的安全环境就难以保障。因此，我们在集中力量进行经济建设的同时，必须切实加强国防建设，使国防建设和经济建设协调发展，形成相互促进的良好局面。同时，各级党委、政府都要大力支持国防领域的改革发展，认真抓好国防建设相关工作的落实。要进一步搞好国防后备力量建设，建立和完善快速高效的国防动员体制；进一步加强国防法制建设，使国防建设走上法制化、规范化的轨道；进一步加强军政军民团结，密切军政军民关系，认真抓好拥军优属各项工作的落实，努力创造有利于激励官兵安心服役、献身国防的良好社会环境。要高度重视和加强国防教育，大力弘扬爱国主义精神，增强民族自尊心、自豪感，形成全党全国关心国防、支持国防、建设国防的浓厚氛围。

胡锦涛认为，要使社会主义中国永远立于不败之地，必须不断增强我国的经济实力、国防实力和民族凝聚力。这是着眼于我们国家和民族的根本利益，充分估量当今国际局势的发展变化，深刻总结历史和现实经验得出的科学结论。军政军民团结既是凝聚中华民族的强大精神力量，也是推动经济和社会发展的强大物质力量。不断巩固和加强军政军民团结，对于增强我国的综合国力，捍卫国家的主权、安全和统一，具有重要的意义。我们要适应形势和任务的需要，紧紧围绕实现我国现代化建设的跨世纪发展目标，努力做好双拥工作，更好地发挥军政军民团结在改革发展稳定中的积极作用。要始终坚持用共同的理想把军心民心凝聚起来、振奋起来，引导广大军民深入学习各项理论，广泛开展国防教育，进一步激发广大军民建设和保卫祖国的政治热情。要牢固树立经济建设与国防建设统筹兼顾、协调发展的思想，军队要继续贯彻服从国家建设的方针，为加快国民经济和社会发展建立新的功勋；地方各级党委、政府和人民群众，要一如既往地支持军队建设，为提高部队战斗力创造良好的条件。要把维护社会稳定摆在双拥工作的突出位置，从讲政治的高度看待和处理军政军民关系，加强军政军民团结，促进社会稳定。

三、胡锦涛国防和军队建设思想的指导作用

胡锦涛关于国防和军队建设思想拓展了毛泽东、邓小平、江泽民三代领导人军事思想的内容，为国防和军队建设提供了理论遵循，为解决国防和军队建设与发展的现实问题和矛盾开辟了途径，是我军履行新世纪新阶段历史使命的重要保证，为加快我军战斗力生成模式转变提供了强大的思想武器。

第六节　习近平关于国防和军队建设的重要论述

党的十八大以来，习近平着眼坚持和发展中国特色社会主义、实现中华民族伟大复兴，围绕强军兴军提出了一系列重大战略思想、重大理论观点、重大决策部署，深刻阐述了国防和军队建设带根本性方向性全局性的重大问题，丰富和发展了党的军事指导理论，是新形势下加快推进国防和军队现代化的科学指南。《习近平关于国防和军队建设重要论述选编》集中体现了习近平关于国防和军队建设的新思想、新观点、新论断、新要求。

一、新形势下的强军目标

实现中华民族伟大复兴是中国人民的伟大梦想，国防和军队建设必须服从和服务于这个最高利益。强国梦，对军队来说也是强军梦。强国梦的实现，既依赖经济实力增强，又依赖国防实力提升。当前，我国发展仍处于可以大有作为的重要战略机遇期，国际战略形势和国家安全环境更趋复杂，维护国家安全和社会稳定的任务更加艰巨。没有一个巩固的国防，没有一支强大的军队，实现中国梦就没有保障。习近平总书记从政治高度和国家利益全局观察和思考军事问题，科学统筹富国和强军两大战略任务，提出了新形势下的强军目标，突出了国防和军队建设的战略地位。只有落实强军目标，才能为实现中国梦提供坚强的国防保证。习近平总书记提出的强军目标，为国防和军队建设注入了新的时代内涵。我们要坚持用强军目标统一思想认识、凝聚意志力量、激励军心士气，做到各项建设朝着强军目标加强、各项改革着眼强军目标展开、军事斗争各项准备围绕强军目标进行，努力推进国防和

军队建设创新发展。

二、从思想、政治上建设和掌握部队

坚持党对军队绝对领导不是一句空洞的口号，必须落实在行动上。这就必须把思想政治建设摆在各项建设首位，着力打牢部队听党指挥的思想根基，增进信党爱党的思想情感，锤炼忠诚于党的政治品格。当前，敌对势力极力鼓吹“军队非党化、非政治化”和“军队国家化”，加大了对我军意识形态渗透的力度；我军所处的社会环境、担负的使命任务、官兵情况也都发生了很大变化。我们必须深入开展中国特色社会主义宣传教育，持续培育当代革命军人的核心价值观，大力发展先进军事文化，组织官兵认真学习党史军史，增强对中国特色社会主义的道路自信、理论自信、制度自信，坚定党对军队绝对领导的政治自信和政治自觉，确保枪杆子永远掌握在忠于党的可靠的人手中。

三、部队应按照打仗标准搞建设、抓准备

能打仗、打胜仗是有效履行我军职能与使命的根本保证，战斗力是检验部队一切建设和工作的试金石。军队建设必须把提高战斗力作为出发点和落脚点，一切工作都要向能打仗、打胜仗的要求聚焦。要关注国际战略格局和国家安全环境的发展变化，增强忧患意识、危机意识、使命意识，始终保持战略清醒，做到未雨绸缪。要坚持革命化、现代化、正规化建设相统一，在强军目标统领下推动部队建设协调发展、全面进步。要深入调查研究，加强实践探索，理清制约部队建设发展的突出矛盾、瓶颈短板和主要症结，找准强军目标进入部队实践的切入点、结合点和着力点，努力在联系实际、解决问题、推动发展上见到实效。要坚持用强军目标衡量和检验部队各项建设和工作成效，切实形成推动强军目标贯彻落实的制度机制。

四、部队应把作风建设作为基础性长期性工作抓紧抓实

作风优良才能塑造英雄部队，作风松散可以搞垮常胜之师。现在，社会环境变化了，社会上一些不良风气在部队都会有所表现。加强作风建设，必须在求实、务实、落实上下工夫，着力纠治官兵反映强烈的不正之风，着力解决深层次矛盾和问题，着力构建规范化、制度化的长效机制。必须坚持依法治军、从严治军的方针，

必须保持严明的作风和铁的纪律，确保部队高度集中统一和安全稳定。转作风，领导带头最重要，率先垂范最有力。领导和干部的表率作用决定了作风建设的成效。只有言行一致、说到做到，才会有公信力和凝聚力。

五、要建设高素质军事干部队伍

成就强军事业，重在努力培养造就能够担当强军重任的优秀军事人才。习主席指出，要严格按原则、按政策、按规矩、按程序选用干部，坚持五湖四海、任人唯贤，坚持德才兼备、以德为先，树立注重基层的导向、注重实干的导向、注重官兵公认的导向，增强选人用人的科学性、准确性、公信度。要实施人才强军战略，把联合作战指挥人才、新型作战力量人才培养作为重中之重。这抓住了建军治军的决定性因素，明确了加强军事人才队伍建设的目标要求和鲜明导向。

六、按照全面进步的要求抓军队基层打基础

基层是部队全部工作和战斗力的基础，要切实打牢实现强军目标的坚实基础。习近平指出，要强化强基固本思想，始终把工作重心放在基层，把党支部建设作为基层建设的重点来抓，加强经常性基础性工作，真正关心关爱官兵，组织好下连当兵、蹲连驻班，广泛开展尊干爱兵、兵兵友爱活动，把部队基础打得更加牢固，推动贯彻落实强军目标向基层拓展、向末端延伸。这明确了军队建设的基础和重心，为推动基层建设全面发展、全面进步指明了方向。

七、要进一步深化国防和军队改革

抓住时机加快改革步伐关系到军队的发展和未来，这为实现强军目标提供了体制机制和政策制度保障。习近平指出，深化国防和军队改革是一场大考，就是要解决制约国防和军队建设的突出矛盾和问题，构建中国特色现代军事力量体系。就是要加快重要领域和关键环节改革步伐，把领导指挥体制作为重点，优化规模结构，深化政策制度改革，推动军民融合深度发展，进一步解放和发展战斗力，进一步解放和增强军队活力。必须坚持正确的政治方向，加强统筹谋划，坚持用战斗力标准衡量和检验改革成效。这进一步明确了国防和军队建设的发展动力，指明了深化改革的目标、重点和指导原则。

八、努力实现富国和强军的统一

习近平关于富国和强军相统一的战略思想，深刻揭示了富国和强军的辩证关系，指明了实现中国梦、强军梦的基本方略和路径。无论是雄汉，还是盛唐，莫不如是。北宋经济文化曾经盛极一时，但宋王朝“重文轻武”、“守内虚外”的政策，造成军力羸弱，最终导致“靖康之耻”，北宋灭亡。从国外看，20 多年前，富甲天下的科威特“一夜之间”被伊拉克军队占领，举世震惊。事实表明，富国是强军的基础，强军是富国的保障。二者犹如车之两轮、鸟之两翼，相互依存，相互支撑，缺一不可。经济建设是国防建设的基本依托，只有国家经济实力增强了，国防建设才能有更大发展。国防建设是我国现代化建设的战略任务，只有把国防建设搞上去了，经济建设才能有更加坚强的安全保障。当前，我国进入全面建成小康社会决定性阶段，国家安全与发展面临前所未有的机遇和挑战，对推动国防实力与经济实力同步发展提出了新的要求。我们要进一步做好军民融合式发展这篇大文章，坚持需求牵引、国家主导，努力形成基础设施和重要领域军民深度融合的发展格局。

九、要坚持总体国家安全观

习近平指出，当前我国国家安全的内涵和外延比历史上任何时候都要丰富，时空领域比历史上任何时候都要宽广，内外因素比历史上任何时候都要复杂，必须坚持总体国家安全观，以人民安全为宗旨，以政治安全为根本，以经济安全为基础，以军事、文化、社会安全为保障，以促进国际安全为依托，走出一条中国特色国家安全道路。贯彻落实总体国家安全观，必须既重视外部安全，又重视内部安全，对内求发展、求变革、求稳定、建设平安中国，对外求和平、求合作、求共赢、建设和谐世界；既重视国土安全，又重视国民安全，坚持以民为本、以人为本，坚持国家安全一切为了人民、一切依靠人民，真正夯实国家安全的群众基础；既重视传统安全，又重视非传统安全，构建集政治安全、国土安全、军事安全、经济安全、文化安全、社会安全、科技安全、信息安全、生态安全、资源安全、核安全等于一体的国家安全体系；既重视发展问题，又重视安全问题，发展是安全的基础，安全是发展的条件，富国才能强兵，强兵才能卫国；既重视自身安全，又重视共同安全，打造命运共同体，推动各方朝着互利互惠、共同安全的目标携手并进。

第三章 国际战略环境

冷战结束后，和平与发展已成为时代主题。但是，在世界进入新旧格局的转换以及各种战略力量正在进行新的分化组合的过程中，一些国家和地区的民族矛盾、领土争端和宗教纠纷时有发生，爆发局部战争和地区性冲突的可能依然存在。在这种情况下，了解和研究国际战略格局的变化及主要国家的军事概况，对于维护世界和平、保卫国家安全都有极其重要的意义。本章主要介绍国际战略环境、国际战略格局、我国周边安全环境及非传统安全威胁等内容。

第一节 国际战略环境概述

一、战略及其构成要素

（一）战略的含义

战略，亦称军事战略，是指筹划和指导战争全局的方略。具体地说，是指根据对国际形势和敌对双方政治、军事、经济、科技、地理诸因素的分析和判断，科学地预测战争的发生与发展，制定作战方针、作战原则和作战计划，筹划战争准备、战争实施所遵循的原则和方法。战略是站在战争总体高度来筹划军事行动的。因此，以战争全局为研究对象的军事理论在军事学术中处于首要地位，这就是人们通常所指的战略学。其研究的主要内容有：战争中各种客观条件对战略的影响，战略理论的形成与发展，战争指导的历史经验，未来战争的性质和特点，战略方针和作战指导原则，武装力量组成部分的任务和战略运筹，战争准备、战略防御、战略进攻的组织实施，战略智慧，战略后勤，战争中的政治工作，等等。

（二）战略的构成要素

战略的构成要素，就是构成战略的基本成分。战略是一种全局性的决策、规划和指导方针，其主要构成要素有战略目的、战略力量、战略措施等。

第一，战略目的。战略目的就是国家为实现战略的总体目标而在处理特定范围内的国家之间的矛盾和国内矛盾时所确定的奋斗目标，是国家为维护最高利益和根本利益而力争达到的结果和预期目标，是战略规划方针中的核心内容，是具有决定性作用的因素。所以，战略的正确与否，首先取决于战略目的的正确与否。如果一个国家的战略目的是错误的，即使国防力量再强大、策略再正确，最终也必然会导致全局性的失败。战略目的确定的依据是：要从国际形势和国内形势的实际出发；确立维护国家根本利益的奋斗目标时，要从国家各个方面的实力出发，量力而行。制定战略目的的原则是：既要符合国家的利益，又要具有可行性；既要符合国家的长远利益，又要符合国家的现实利益；既要坚持基本的原则，又要具有策略的灵活性。

第二，战略力量。战略力量，就是国家制定战略、达到战略目的能够运用的各种现实力量。它是一个国家制定战略和实现战略目的所必须具备的基础和条件，是以综合国力为后盾、以军事力量为核心的。国家的战略力量主要包括以下几种：(1) 国家的政治力量。国家的政治力量主要表现为国家与人民群众之间的关系。一个国家如果能够做到举国一致，政府与人民同心同德、团结一心，局势稳定，这个国家就有力量。(2) 国家的经济力量。国家的经济力量主要表现为国家所具有的综合国力，其主要包括国家拥有的工业、农业的生产力水平，经济秩序的健康与否，以及所拥有的可靠的主要经济资源和战略物资的储备等。(3) 国家的军事力量。国家的军事力量主要是指所拥有的军队的战斗力。国家的军事实力，既取决于常备军的质量和数量，也取决于后备军的质量和数量，同时，还取决于国家的国防工业生产能力和国防科技的发展水平。(4) 国家的外交力量。国家的外交力量主要表现为国家与世界上的强国的合作协调关系。如果一个国家与世界上的主要强国能够保持良好的合作协调关系，能够得到某些强国的理解和支持，这个国家就拥有强大的外交力量。同时，国家的外交力量还包括一个国家在世界上的影响力，在国际社会中的形象。因此，有的国家虽然是经济强国，但在处理世界重大的国际事务中没有决定性的发言权，所以，也就不具有外交方面的战略力量。(5) 国家的精神力量。国家的精神力量主要是指国家的凝聚力和人民群众所具有的爱国主义精神。一个国家如果广大人民群众具有强烈的民族意识和爱国主义精神，这个国家就拥有强大的精神力量，就能够为国家战略目的的实现提供可靠的保证和强大的精神动力。

第三，战略措施。战略措施亦称策略，就是运用战略力量来实现战略目的的方式、手段。战略措施是为实现战略目的服务的，任何正确的战略目的只有运用正确的战略措施才能够得以实现。因此，战略措施在战略构成中具有决定性作用。战略措施主要包括以下几个方面：(1) 政治措施：亦称政治手段。国家为了实现自身的安全和稳定，就必须进行政治文明建设，正确处理国内外的各种矛盾，对外友好合作、平等互利，对内加强安定团结、繁荣经济，实现社会和谐。(2) 经济措施：亦称经济手段。主要是加快经济发展速度，不断增强综合国力。同时，维护经济秩序的稳定，实现经济体系的独立自主，加强重要战备物资的生产和储备等。(3) 军事措施：亦称军事手段，军事措施是维护国家安全和稳定的最主要的战略措施或战略手段，其表现为国家为遏制战争而增强国家军事威慑力所进行的国防和军队建设，主要包括国防和军队建设、国防工业和国防科技建设、国防后备力量建设等。(4) 外交措施：亦称外交手段。外交措施是指要采取积极主动的外交策略，既要坚持原则，又要保持灵活，正确处理与强国和邻国之间的矛盾，建立良好的合作协调关系。(5) 国防建设措施：国防建设措施主要指物质力量的建设和精神力量的建设。其中，更重要的是精神力量建设，即要加强对全体人民以爱国主义教育为核心的国防教育，通过国防教育，提高公民的国防意识，增强公民的国防观念，培育自强拼搏的民族精神。

二、战略环境

战略环境，是指国家（集团）在一定时期内所面临的影响国家安全和军事斗争全局的客观情况和条件。主要包括国际和国内的政治、经济、军事、外交、科技和地理等方面形成的客观情况和条件，以及由此而形成的战略态势，特别是战争与和平的总态势。战略环境是动态的，随着国内外形势的发展而不断变化。战略环境由国际战略环境和国内战略环境构成。

（一）国际战略环境

国际战略环境，是指一个时期内世界各主要国家（集团）在矛盾斗争或合作共处中的全局状态和总体趋势，它是国际政治、经济、军事形势的综合体现。国际战略环境关系到一个国家的生存与发展、安全与兴衰，影响一个国家（集团）军事斗争的对象、性质、目标、敌友关系，以及据此确定的军事力量建设与运用的基本方向，因而是各个国家（集团）制定战略必须首先考虑和关注的外部环境和条件。国际战略环境最值得关注的有：（1）时代特征。时代是指世界整体在发展进程中所处的大阶段，时代特征反映世界发展总进程中的矛盾领域和斗争状况。正确认识时代特征，有助于从宏观上把握当代世界的主要矛盾和总的发展趋势，对国际战略环境作出正确的判断，避免战略指导的重大失误。（2）国际战略格局。国际战略格局是反映一定时期内国际力量对比、利益矛盾和需求，以及基本的战略关系。研究国际战略格局，有助于从总体上了解世界各主要国家在世界全局中的地位以及战略利益方面的矛盾和需求，有助于对国际形势及其可能的发展趋势做出基本的估计。（3）主要国家的战略动向。世界各国之间由于战略利益和政策的异同，既可能是对手，又可能是朋友。各国的战略方向，既互为条件、相互依存，又相互影响和制约。一些实力较强的世界性或地区性大国，特别是超级大国所推行的战略，对地区乃至世界的安全与稳定具有重大的影响，对其他国家的战略也有不同程度的影响。因此，一定时期内各主要国家的战略及发展趋势是国际战略环境的重要组成部分。了解主要国家的战略动向，有助于从世界各国特别是大国之间关系上具体地研究国际战略环境，进而对国际形势作出正确判断。（4）当代世界战争与和平的趋势。对于一个国家的主权和安全来说，来自外部的战争威胁是最严重的威胁。因此，当代世界战争与和平的趋势在国际战略环境中最引人注目，也是世界各国研究和制定军事战略时应关注的重点。（5）周边安全形势。周边安全形势是指周边国家（集团）直接、间接影响本国安全的条件和因素。周边安全形势中最值得注意的是周边国家与本国的利益矛盾、对本国的政策企图、与本国密切相关的军事力量及其部署等直接影响本国安全的情况和因素。

（二）国内战略环境

国内战略环境，是指对筹划、指导军事斗争全局具有重大影响的国内社会环境和自然环境。它反映了国家军事力量建设及其运用的可能条件和制约因素，决定着战略的基本性质和方向，是制定战略的依据。第一，地理环境。地理环境主要包括国家（战区）的地理位置、幅员、人口、资源、地形、气候，以及行政区域、交通、要地等情况。军队的集结、机动、作战、训练、后勤补给等一切军事活动都离不开一定的地理空间，都要受到地理环境的影响和制约。因此，地理环境不仅是制定战略的客观依据，而且是影响战争胜负的重要因素。第二，政治环境。国内政治环境对战略影响最大的是国家的政治法律制度、基本国策和政治安全形势。其中，国家的政治法律制度和基本国策是国内政治环境的本质和核心，对军事斗争全局的筹划、指导具有决定性作用，是确定军事斗争目的、任务、基本方针和战略指导原则等的政治依据。在国内政治安全形势中，敌对势力、颠覆国家和发生武装冲突或国内战争的情况，是直接影响国家统一和稳定的因素，是筹划和指导军事斗争必须关注的重要问题。第三，综合国力状况。综合国力是一个国家全部物质力量和精神力量的总和，其主要包括国家的人力、物力、财力、军力、科技与生产能力、社会保障与服务能力以及组织动员能力等。综合国力是军事斗争特别是战争的物质基础，是军事理论、作战方法发展的重要条件。因此，一切军事斗争和军事活动都要依靠综合国力，并受其制约。

三、新安全观

新安全观又称“非传统安全观”，是对冷战后期开始出现的一些不同于“旧安全观”即“传统安全观”的新安全观念的统称，指与“旧安全观”即“传统安全观”相对的各种新型的安全观。安全观就是一个国家对安全问题的基本看法和解决安全问题的主张，它包括对安全的界定、对威胁的判断以及如何维护安全等内容。

（一）西方倡导的安全观

20 世纪 90 年代以来，国际关系理论界形成了三大理论流派论战的局面：（1）现实主义学派的国际安全观——基于对国际安全问题的高度重视，现实主义对于国际政治的本质以及战争与和平问题进行了长久而深入的思考。在现实主义学派看来，国际安全在本质上是稀缺的，国际安全问题只可以缓解，却不能最终得到解决，而获得安全的最重要手段就是拥有强大的权力，因此国与国之间的关系就是围绕权力斗争的关系。无政府状态成为认识国际政治的基本起点，安全困境则是每一个国家必须面对的现实。（2）理想主义和新自由制度主义的国际安全观——“强者能其所事，弱者受其所难”仍然是国家在安全问题上的切实感受。自助、结盟、集体安全等成为国家维护自身安全的可求途径。理想主义学派认为：除了战争，国家还可以通过和平手段来实现自身的安全。以“一战”为界点，国际关系的理想主义传统开始转向现在的新自由制度主义。与现实主义相比，理想主义和新自由制度主义更加注重集体安全和相互依赖。（3）建构主义的安全观——建构主义学派是把非物质性因素在国际关系中的作用提升到了一个前所未有的高度。无政府性不是国际关系的第一推动，因为无政府性本身也是国际社会成员在其相互的实践活动中建构起来的。无政府性本身具有多种内涵：既可以是敌对冲突的霍布斯文化状态，也可以是竞争共存的洛克文化状态，还可以是友好合作的康德文化状态。这取决于国际社会成员如何去建构、互动它们之间的关系。主体间的实践活动建构了国际政治文化、观念，文化又决定了国际社会的身份和行为。

三大主流国际关系理论对于国际安全观的探讨并不能完全解决当代国际安全问题，每一理论流派对于国际安全的阐述都有其优点和缺陷。现实主义与自由主义虽是不同的学派，但目前有日益趋同的趋势。在对待安全问题上，这两派虽然论述了实现安全的不同途径，但都坚持了安全的物质性因素，因此二者所关注的都是传统安全。而建构主义则另辟蹊径，论及了现实主义和自由主义所轻视的非物质因素，认为安全之所以具有实际的指导意义与建构它的观念不可分。建构主义认为观念是权力和利益理论的先决条件。这恰恰是现实主义和自由主义所轻视的。总之，三大理论流派虽然观点各异，但正是这种理论的多样性推动了国际关系理论的发展和完善。

（二）中国倡导的安全观

冷战结束后，旧的安全观已经不符合时代的发展潮流，成为诱发战争和冲突的重要因素之一。为了确保世界和平与发展，就要树立新的安全观。中国政府近几年来一直致力于树立新安全观，并力图使之成为国际上具有普遍意义的安全观。江泽民2000年在《联合国千年首脑会议上的讲话》中指出：营造共同安全是防止战争和冲突的可靠前提。应彻底抛弃冷战思维，建立以“互信、互利、平等、协作”为核心的新安全观。同时，在党的十六大报告中又指出：安全上应相互信任，共同维护，树立“互信、互利、平等、协作”的新安全观，通过对话和合作解决争端，而不应该运用武力或以武力相威胁。这就是我国所倡导的新安全观。其主要内容是：互信是新安全观的基础。就是通过对话协商，增进相互了解和信任，国与国之间要超越意识形态和社会制度异同，抛弃冷战思维和强权政治心态，互不猜疑，互不敌视；互利是新安全观的目的。就是在维护本国安全的同时，也要充分考虑和尊重别国的安全利益，反对以牺牲他国的安全利益为条件来谋求自身的绝对安全；平等是新安全观的保证。就是遵循和平共处五项原则，主张国家不分大小、贫富、强弱，都是国际社会中平等的一员，应相互尊重，平等对待，积极推进国际关系的民主化，反对大国以任何理由和借口干涉小国的内政，把自己的价值观和意识形态强加于别国；协作是新安全观的方式。就是通过对话协商解决争端，并就共同关心的安全问题进行广泛深入的协作，防止战争和冲突的发生。

中国的新安全观是中国现阶段的产物，因此，也反映出对国家特殊安全利益的考虑，如边界问题、台湾问题、反分裂主义等。作为一个发展中国家，中国的新安全观与发达国家在优先考虑上有所不同。与广大发展中国家一样，发展仍然是中国的首要问题。“和谐社会”思想的提出，说明中国的新安全观已经更多转向关注社会安全问题，关注《联合国人类发展报告》中提到的环境安全、社会安全、食品安全、健康安全等问题。中国的新安全观一直在不断丰富和发展。

第二节 国际战略格局

国家与国家之间的关系本质上取决于国与国之间的力量对比。国际战略实质上就是国际战略力量的对比以及由此派生出来的影响力对比。在认识国际战略格局这一问题上，只有深入考察各种战略力量本身所具有的实力以及它们在国际事务中发挥的实际作用和影响力，确定哪些是主导性力量，哪些是从属性力量，哪些是潜在性力量，才能最终形成正确的战略判断。

一、国际战略格局概述

（一）定义及特征

国际战略格局，是指国际社会中各战略力量之间在一定历史时期内相互联系、相互作用而形成的具有全球性的、相对稳定的力量对比结构及基本态势。国际战略格局的基本特征如下：第一，国际战略格局总是同一定的历史阶段相联系，与时代的发展密切相关。国际战略格局总是反映着一定时代条件下的战略力量对比关系，要正确分析各个时期国际战略格局的特点，就必须把握时代发展的基本脉络以及不同时代的基本特征。第二，国际战略格局总是同世界经济格局相适应，并以经济格局为基础。建立在世界经济体系基础上的国际战略格局，是经济因素在国际政治领域的集中反映。经济实力与行为能力是成正比的。国际战略格局的发展变化，往往以世界经济格局的发展为先导。第三，国际战略格局总是同一定形式的国际秩序相互关联、相互作用。一定的国际秩序，是国际战略格局的现状在国际准则上的反映。国际秩序一经建立，它对国际战略格局又会起到强制性的维护作用。甚至在旧格局解体的情况下，原有的国际秩序仍会在一定范围和一定程度上继续产生影响。第四，国际战略格局的不同层次之间总是既相对独立，又相互影响。国际战略格局包含着地区战略格局，并在总体上决定着地区战略格局的发展走向；地区战略格局则是全球性矛盾斗争在地区的必然反映，同时又对国际战略格局的形成或转换产生影响。

（二）构成要素

国际战略格局的构成要素是国际战略力量，是指在国际关系中能够独立发挥作用，并对国际形势及国际战略的运用和发展具有巨大影响的国家或国家集团。国际战略力量与国际行为主体的区别是其行为能力和对国际战略影响力的不同。一个国际行为主体，只有当它的行为能力达到一定的程度，能对国际战略的形成和发展，对其他行为主体产生重大影响时，才能成为一种国际战略力量，并成为国际战略格局的构成要素。

（三）结构类型

根据国际战略格局的内部结构和外在形态的不同，通常将国际战略格局划分为单极格局、两极格局、多极格局以及多元交叉格局 4 种基本类型。

第一，单极格局。单极格局是指某一个大国在国际战略格局中占据主导地位，形成一超独霸的局面。这种格局在历史上曾经出现过。例如，资本主义初期西班牙、荷兰和英国都曾有过独霸世界的历史。这是由于资本主义刚刚在局部地区出现，近现代意义上的国际社会正在逐步形成，因而，资本主义发展最早的国家，往往能够确立独霸的地位。但这种霸权在很大程度上局限于欧洲地区，真正的世界霸权并未建立起来。

第二，两极格局。两极格局是指两大战略力量之间的相互对立和相互斗争，对整个国际事务起着决定性的局面。这种格局在历史上也曾多次出现过。例如，第一次世界大战期间的同盟国和协约国；第二次世界大战期间的法西斯轴心国和反法西斯同盟国；“二战”后初期的社会主义和资本主义两大阵营，以及随后的美国、苏联两极对抗，都是世界历史上的两极格局。当然，以上所分析的两极格局，除了冷战时期两个超级大国和两大政治军事集团的对抗具有较典型的两极特征并延续了较长的时间外，其他都是在新旧格局过渡时期形成的具有一定特殊性的两极格局。

第三，多极格局。多极格局是指多种力量既相对独立又相互联系，既相互合作又相互制约而形成的一种相对稳定的战略关系。在这种格局中，作为战略格局构成要素的战略力量，可以是单个国家，也可以是国家集团。这种格局在 20 世纪 70 年代以后已初见端倪，即美国、苏联、日本、西欧和以中国为首的发展中国家五大力量构成的世界多极化趋势。冷战后，多极化趋势呈现出更加强劲的发展势头，目前已经形成了初步的轮廓。

第四，多元交叉格局。多元交叉格局是一种由两极向多极，或由多极向两极的过渡性格局。在这种格局状态下，一方面，存在着两大战略力量或多种战略力量之间的对立，这是格局的主导方面；另一方面，也存在着独立于上述力量之外的其他战略力量。这些战略力量既在一定程度上受到现有格局中的支配力量的影响，又能够在国际事务中发挥自身的独特作用，从而构成国际战略格局中潜在的一极。这一格局在冷战结束后向多极格局的过渡中表现得较为明显。这种多元交叉格局是构成未来多极格局的基础。

二、国际战略格局的现状和特点

（一）大国关系主导着世界事务，在国际战略格局中处于支配地位

目前，美国、欧洲联盟、俄罗斯、中国、日本等大国或集团在世界政治格局中具有相当的作用和影响。特别是美国，冷战结束以后，雄厚的实力使其成为世界独一无二的超级大国，在世界政治格局中发挥着重要的作用和影响。尽管仍然存在着较大的变数，但目前世界格局大抵可以概括为“一超多强”。因此，大国相互之间的关系发展不仅决定了国际战略格局的基本架构，而且决定了国际战略格局的基本态势和发展趋势。冷战结束以后，国际关系所面临的主要问题已经不再是战争与和平，而是和平与发展。国际社会一是要保持世界和区域稳定的安全环境，二是要在促进经济贸易发展上逐渐达成共识。在新的国际安全关系中，“敌”与“友”之间的概念和界限发生了很大变化，大国之间的关系也从以往的军事对抗转向对话与合作。尽管美国试图在新的国际战略格局中充当“领导者”的角色，但在涉及共同的地区和热点问题上，美国仍然需要与欧洲联盟，与俄罗斯、中国等大口进行协商与对话。自20世纪80年代以来，美俄、美中、中俄、中英、中日、美欧、美日、俄欧等诸多大国之间的关系得到改善与发展，这种“一超多强”的世界政治格局对于新的国际战略格局的形成起到了决定性作用。

在当前及未来一段时间的国际战略格局中，大国关系将继续起主导作用。美国奉行单边主义的全球称霸战略，搞强权政治，对于国际战略格局多极化的发展趋势产生了严重的阻碍作用。美国加快推动“一超”的国际战略格局的企图，与“多强”之间建立多极化国际战略，促使中国、俄罗斯、日本和欧洲联盟相互之间加强了对话与合作，这对于美国推动“一超”的称霸战略具有一定的限制作用。尽管如

此，世界战略格局多极化的趋势并不会因为出现美国“一超独霸”的现象而发生改变。

（二）总体稳定、局部动荡是当今国际战略格局的基本态势

首先，国际战略格局总体稳定，这表现在自第二次世界大战结束特别是冷战结束以来，整个世界处于和平与稳定的发展环境之中。世界上绝大多数国家顺应历史和时代发展的潮流，逐渐就和平与发展达成共识，主张放弃军事对抗，通过对话与合作解决争端，化解矛盾，处理地区热点和危机。在全球范围内，热爱和支持和平的力量不断得到增强，有效制止和预防了战争。大国之间的关系更加稳定，美国、俄罗斯、中国、欧洲联盟都陆续建立了类似战略伙伴的关系，共同维护地区和平与稳定。随着华沙条约的解体，以及北约的东扩，东西方对峙的局面结束，有助于推动世界和平与发展的进程。正因为如此，50 多年来，全球没有爆发大规模的战争，国际安全形势逐渐趋于缓和，国际战略格局呈现出总体稳定的态势。

其次，国际战略格局局部动荡，这体现为随着霸权主义阻挠和平与发展的进程，由于种族、宗教矛盾冲突加剧，边界与领土争端不断，地区安全形势发展出现不平衡，国际安全形势中存在着不稳定的因素，而且有增加的趋势。中东、印度巴基斯坦、朝鲜半岛等地区热点问题层出不穷，俄罗斯等独联体国家和东南亚、南美一些国家内部矛盾日益突出，局部战争持续爆发。最具代表性的是海湾战争、科索沃战争、阿富汗战争和伊拉克战争，特别是“9·11”事件爆发以后，恐怖主义在全球范围内的活动成为威胁世界和平与发展的重要原因之一，成为推动世界和平与发展必须要正视和解决的问题。这些局部冲突在短期内难以得到有效的控制，有的可能会进一步升级，但却不能从根本上改变世界和平与发展的进程，扭转世界战略格局总体稳定的大趋势。

（三）国际军控与裁军的进程举步维艰，防止冲突、维护和平任重道远

当前，各主要国家围绕新军事变革进行的军备竞赛使得国际军控与裁军的进程显得举步维艰。美国企图通过取得绝对的军事优势来谋求所谓“绝对安全”，其他一些国家有的希望扩大自身的常规军事力量，有的则极力谋求获得大规模杀伤性武器。美国正在加紧研制国家导弹防御系统和战区导弹防御系统，并且不惜退出《反导条约》。美国此举遭到世界上绝大多数国家的强烈反对，俄罗斯提出联合欧洲国家共同研制“欧洲导弹防御系统”的建议。美国还大力研制太空武器，制订太空作战方案。美国在台湾问题上坚持两岸维持现状的立场，支持台湾走向和平“独立”，

随着我军整体实力得到加强，对台湾岛内“台独”分裂势力构成强大的威慑，美国承诺依照《与台湾关系法》对台进行军售。

尽管如此，全球范围内防止冲突、维护和平的国际合作不断得到增强，有力地推动了世界和平与发展的进程。在这个过程中，联合国作为当今世界最重要、最有权威的全球性国际组织，在防止冲突、维护世界和平与稳定上发挥着越来越重要的作用。联合国宣布国际事务中必须遵循的基本原则：主权平等的原则，权利和义务统一的原则，和平解决国际争端的原则，国际关系中不使用武力和威胁的原则，集体安全的原则，不干涉本质上属于一国内部管辖的事务的原则。这些原则随着时间的推移已经被国际社会所广泛接受，在维护地区稳定与和平上产生了重要的作用。在联合国的推动之下，从冷战结束至今，尽管全球范围内的局部冲突继续发生，但防止冲突的国际合作避免了新一轮世界大战的爆发，联合国组建的维和部队有效化解了一些国家之间的种族矛盾和内部纠纷，在联合国各成员国的共同努力之下，有效遏止了热点地区的扩散，有力促进了世界和平与发展的进程。

三、国际战略格局的发展趋势

（一）世界格局多极化

苏联解体导致两极格局终结，美国成为唯一超级大国之后，人们较多地用“一超多强”来描绘世界多极化的态势。当今承认多极化并主张建立多极世界的国家日渐增多。人们的基本共识是：国际关系具有建设性的多极化进程，有助于建立一个平衡、稳定、民主、不对抗的新秩序，这一趋势客观上符合所有国家的根本利益。“一超”美国则竭力宣扬由它领导的单极世界，千方百计阻挠多极化的进程。现在仍不时能听到否定世界多极化的论调，主要原因如下：一是将美国成为当今世界唯一超级大国这个事实，与单极世界混为一谈；二是将世界多极化与多极世界相提并论，从而用确实尚未形成的多极世界来否认存在无疑的世界多极化。

大国关系是世界多极化的重要反映。当今大国关系呈现一些新特点。第一，基于和平与发展这个时代主旋律的作用，各大国几乎无一例外地对内“自强不息”，将经济建设置于首位，以提高和壮大综合国力；对外“竞争共处”，力求在相互关系中优化自己的处境，以赢得尽可能有利的地位。第二，大国关系因其长远性、全面性和多维性，无不具有一定的战略含义。“战略关系”、“伙伴关系”而不具结盟性质，是冷战后多极化进程中的新鲜事物，成为重建国际经济政治新秩序的一种过渡现象。第三，经济因素是大国关系中首要的、具有决定意义的因素，大国关系调整的前提，是谋求协调和平衡彼此的经济利益。在经济一体化和经济互补基础上形成的外交，也就必然带有全方位性。第四，国际政治民主化将成为大国关系调整中的一个重要目标；反对冷战思维、霸权主义和强权政治，将是大国关系调整中不可避免的一项长期任务。

（二）经济趋向全球化

经济全球化是在市场化和信息化的条件下，随着经济一体化和经济自由化应运而生的。发达国家对经济政策进行调整，加快技术创新速度；发展中国家普遍改变发展战略，实行开放政策，二者都促进了经济全球化。发达资本主义国家认为经济全球化包括扩大思想与信息、商品与服务、技术与资本在国际上的流通，促进世界所有地区融入全球经济。

经济全球化是一把双刃剑，既会促进世界经济持续增长，也将使各国的经济安全面临风险和挑战。鉴于生产要素的全球自由流动主要在资本主义制度内进行，经济全球化将在很大程度上导致资本主义的影响向全球扩张。美国等西方经济大国控制着经济全球化进程，试图将其变成主宰国际社会的工具。经济全球化为资本主义国家开辟了更大的商品市场，获得了更广阔的投资场所，在世界范围内形成新的资本主义生产体系；同时，也给资本主义带来一些消极影响，如加剧了贫困和失业等社会矛盾，促使保守主义势力与工会结合起来反对经济全球化。对于主要依靠出口原料和初级产品的发展中国家来说，处境会变得艰难，但只要政策运用得当，亦可趋利避害，借助引进资金和技术来深化产业结构调整，促使本国经济向高技术、高增值方向转移。人类需要的是世界各国平等、互惠、共赢、并存的经济全球化。发展中国家要力争在承认经济发展模式多样化的基础上，建立一个统一开放、利益均衡和非歧视性的世界市场，形成和完善国际通用的经济活动准则和惯例。同时，必须致力于加速本国的经济发展，缩小本国经济同世界先进水平的差距，有效地维护国家的经济主权和经济利益，这样才能在经济全球化进程中生存和发展。

（三）安全环境复杂化

当今世界存在两大祸根。从全球性范围讲，是指霸权主义与强权政治；从地区性范围讲，是指国际恐怖主义、分裂主义和极端主义。霸权主义危害人类的和平、安全与发展，恐怖主义则以其反人类、反文明、反道德性而遭到国际社会的谴责。霸权主义诱发、利用恐怖主义，恐怖主义则刺激霸权主义，为霸权主义行径提供某种合理依据，彼此正在形成一种恶性互动。

全球霸权主义在“冷战结束”包装下，竭力炮制和兜售侵略扩张新理论、新花招。所谓“人权高于主权”，就是在维护人道主义的旗号下，无视国际法理和国际关系基本准则，不经联合国授权，蓄意以武力践踏任何一个国家的主权。动用武力或借助“颜色革命”来“输出民主”，企图重建由霸权主义主导的所谓世界秩序。

人类安全目前越来越面临非传统威胁。非传统安全威胁与传统安全威胁相互交织，使得国际安全形势更趋复杂化。非传统安全问题比传统安全问题具有更强的社会性、跨国性和全球性，因此解决的手段也就更应注重综合性以及国际合作。由于恐怖主义日益网络化、国际化甚至全球化，使得任何一个国家都难以独自应付。国际社会只有联合起来，才可能有效地对付恐怖主义的威胁。反对恐怖主义必须治本。应在缓和地区及国际紧张局势、消除贫困和加强反恐合作三方面同时开展工作，从政治、经济、文化和社会等多方面采取措施，以彻底铲除恐怖主义。全球贫富差距悬殊，诱发一些犯罪活动国际化与恐怖主义全球网络化。如今，贫困已越来越成为许多国家和地区陷于动乱和不稳定的重要原因。实现全球性公正公平，是消除安全威胁的唯一选择。

（四）发展模式多样化

各国人民有着不同的经济发展水平、文化背景、社会制度和价值观念，延续着不同的生活方式，这是世界多样性的体现。没有多样性就不称其为世界。这种多样性决定了发展模式的多样化，所以邓小平说世界上的问题不能都用一个模式解决。因此，各国人民有权根据本国国情和自己的意愿，选择社会制度和发展道路，而不应受到任何外来势力的干涉。历史上那种将社会主义发展阶段与资本主义发展阶段断然割裂的观念，必须纠正。这两种社会制度是相互衔接的。资本主义世界目前是高新科技和知识经济的主要载体。社会主义必须充分运用人类社会在资本主义发展阶段取得的文明成果，完善自己，发展自己，才能最终超越和取代资本主义。

近年来，发达资本主义国家提出了所谓“第三条道路”，是要调和左、右两个极端倾向，在自由放任与政府干预之间寻求平衡，主张经济增长重在提高购买力，扩大公共开支，优先控制失业，促进社会公平，确保经济和社会稳定。其目的是适应世界多极化和经济全球化趋势，巩固和提高自身的国际竞争力和影响力，维系和延长资本主义的生命。原苏联及东欧转型国家也在寻找自己的“第三条道路”。这是一条既区别于苏联社会主义模式，又不同于西方资本主义模式的发展道路。现在，这些国家的各种政治势力之间还在进行反复较量，意在选择适合本国国情的道路，但问题尚未根本解决。应当说，发展模式多样化既是现实状况，也是各国人民的追求。任何国家的社会制度和发展模式，都必须适合本国的国情和特点。

（五）维安组织机制化

冷战结束后，由于东西方力量失衡，霸权主义肆虐，恐怖主义猖獗，民族主义膨胀，原教旨主义抬头，地区热点增多，世界安全形势更加严峻。形势表明，国家安全、地区安全、世界安全是相互贯通的，维护世界和平与安全的机制需要网络化。为了建立和平、稳定、公正、合理的国际新秩序，摒弃冷战思维是前提，树立新安全观是基础，建立安全机制是保障，发挥联合国作用是重中之重。

联合国是国际多边机制的核心，是实践多边主义的重要舞台。遵守《联合国宪章》的宗旨和原则，采取集体行动，加强联合国作用，维护联合国权威，是国际社会的普遍呼声。联合国的核心作用原则上可概括为：坚决维护《联合国宪章》的宗旨和原则，继续发挥联合国及其安理会在处理国际事务、维护世界和平方面的积极作用，确保全体会员国平等参与国际事务的权利；安理会在维护国际和平与安全方面负有首要责任，安理会是国际集体安全机制的核心；在涉及国际和平与安全的重大问题上绕开安理会自行其是的做法，是与广大会员国的一致做法背道而驰的。当然，在新形势下，联合国自身也应进行必要、合理的改革，目的是提高工作效率，解决各方最关切的问题，加强其在国际事务中的主导作用，增强应对新威胁和新挑战的能力，更好地反映广大发展中国家的共同呼声和需要。

面对严峻的国际形势，地区安全组织（不含以维护和平之名行扩张之实的地区组织）的作用在上升。在发挥联合国核心作用的基础上，应继续加强联合国与其他国际和地区组织的联系与合作，构建各机构相互配合和补充的多边机制，世界各国都应为此作出努力。

四、世界军事形势

世界军事形势是指当前世界总的军事状况和未来发展趋势，它是国际战略环境的一个重要组成部分。世界各国和各国家集团军事实力的消长，决定它们在国际政治中的地位和作用。冷战结束后，世界各国都紧紧抓住这一难得的战略机遇，积极推进军队转型，展开了面向未来的军事战略调整。加强军事力量仍被作为维护和扩展各国利益的重要手段，作为争夺多极化格局中重要地位的战略筹码。

（一）美国的军事力量

美国拥有一支全球进攻性军事力量。近年来，美军人数虽然有所减少，但军费开支逐年增加，到2012年已经达到6 800多亿美元。其现役部队为143万余人，文职人员为77万余人，此外还有一支素质较高、装备齐全的89万余人的预备役部队，其军事力量总数在310万人左右。美军现实行“前沿存在”战略，有四分之一的现役作战部队部署在海外。美军积极推进军队转型，大力加强军事战略调整，其目的就是为了保证军事力量适应现在和未来的国际国内形势，打赢未来各种条件下的战争，确保美国的全球性国家利益。美国把国家利益分为3类：一是“生死攸关的利益”，即关系美国生存、安全和活力的具有压倒一切的重要性的利益；二是“重要利益”，即这些利益一旦受到威胁，虽然不会直接影响美国的国家生存，但会间接影响到美国的安全和强盛以及美国所处的国际环境；三是“人道主义利益”，这些利益与美国所倡导的民主、自由和人权等价值观密切相关。

美国有针对性地根据不同类型的威胁，使用其军事力量。当第一类利益受到威胁时，美国将不惜一切代价，甚至单独行动，坚决使用武力。当第二类利益受到威胁时，只有当使用武力可以促进美国利益并能达成预定目标，而且其他手段已无法实现这些目标时，有选择地、有限地使用武力。当第三类利益受到威胁时，一般不把使用武力作为优先的手段，但美军可参与部分行动。美国提出了美军的四项战略任务：一是保卫美国；二是在关键地区前沿慑止侵略和胁迫行为；三是在同时发生的大规模冲突中迅速取胜；四是实施小规模应急作战。美军已做好准备，对发生在美国领土或盟国领土的国际恐怖主义行动作出果断反应。

（二）俄罗斯的军事力量

俄罗斯随着经济的复苏，为了保持和彰显其大国地位，加紧了军事战略的调整。俄军现有兵力约113万人，文职人员87万人，另有内卫军、边防军等其他部队约100万人，总体军事实力约为300万人。必须强调的是俄罗斯是超级核大国，核武器是俄罗斯目前唯一有效的全球性战略威慑力量，是俄罗斯支撑其大国地位、与美国保持同一水平的战略平衡王牌，也是与美国讨价还价的本钱。

目前，俄军仍在欧洲地区部署常规力量作为威慑手段，遏止“北约”继续压缩其战略空间；同时，准备应付国内和独联体国家出现的突发事件或武装冲突；重新在亚洲地区部署了力量，以此对付一些国家的扩张性军事力量以及东北亚地区可能出现的武装冲突或局部战争。俄罗斯现行的是“现实遏制”战略，主要表现为在威胁判断上，明确了以美国为首的“北约”是俄主要外部威胁和未来可能的作战对象；在战争准备上，强调在立足打大规模地区战争的基础上，重点遏制地区性武装冲突；在武装力量建设方面要求加快军事改革，建成一支精干、高效的职业化军队。为了适应“现实遏制”新战略，俄罗斯加快了军队建设转型的步伐和力度。

（三）欧盟的军事力量

欧盟的军事态势、欧盟东扩步伐的加快，极大地拓展了欧洲的战略空间，东面与俄罗斯、白俄罗斯和乌克兰接壤，西临大西洋，南至地中海，北及波罗的海，几乎坐拥了欧洲的半壁江山。这一地缘态势大大增强了欧盟在欧洲地缘政治中的主导地位，使之成为制约霸权主义和单边主义的力量。在经济和政治一体化的带动下，欧盟正力求实现军事一体化。欧盟相继通过了《欧盟宪法条约》、《2004 年军事能力建设纲要》、《欧盟 2010 年军事能力建设的总目标》，决定逐渐建立和完备欧盟独立的军事力量，提高欧盟联合作战、快速部署、后勤保障和战略运输与通信兼容能力。组建的欧盟部队开始执行独立的军事行动，标志着欧盟一体化防务迈出了坚实的步伐。

（四）日本的军事力量

日军总兵力约 27 万人，现拥有 300 多架第三代作战飞机，编有 4 个“八八舰队”（即由 8 艘驱逐舰和 8 架反潜直升机及其他舰艇组成的舰队），是一支装备精良、体制灵活、便于扩充的军事力量。目前，日军的兵力部署已将重心由北向西、向南调整，其战略意图主要是应付朝鲜半岛及其他方向上可能发生的“周边事态”。日本凭借经济上和科技上的优势，明确了新的国家战略目标，要在 21 世纪中叶前建成一个新的日本，成为世界一流强国。为了配合实现政治大国的国家战略目标，日本加快了实现军事大国的步伐，其中心是发展外向型高质量的现代化军队，为国家战略目标提供有力支撑。加速推进军队转型，更加强调战略的“主动性”和“先发制人”的原则。发展和装备高技术武器，加快武器装备的更新换代速度。大力加强针对各种威胁的军事训练，提高部队的快速反应能力和与美军联合作战的能力。从防止侵略到预防周边事态发生，从保卫日本的“内向型”转变为干预别国内政的“外向型”，从对美国的依赖转变为同美国的联合，突出了进攻性。

（五）印度的军事力量

印度的武装力量由现役部队、后备役部队和准军事部队组成，总兵力约为

132 万人，居世界第四位。进入 21 世纪后，印度调整了军事战略，主要有：在安全威胁判断上，更加强调“来自中国的威胁”，虽然不是迫在眉睫，但却是战略性的、长远的和最为严重的。在军事战略思想上，核威慑思想上升到主导地位。在战争准备上，立足于打“有限战争”。在军队建设的战略指导上，重视稳步提高质量。在军队使用上，赋予军队“维护社会治安”的任务。在作战指导上，日益强调联合作战。为此，印度加紧研制、购买航空母舰、核潜艇和潜射弹道导弹，提高海上机动作战能力，借助核威慑手段维持与区外大国的力量平衡。把强大的军事力量和战略威慑能力作为其谋求在地区和国际上的地位，进而成为世界性大国的现实基础。

除了上述五大力量中心，现在世界上还有其他一些国家和地区集团，因为综合国力的明显增强，在全球和地区事务中的地位和作用正日益提高。他们作为新兴的政治力量，正在不断加强内部防务合作，同时协调美、日、中、俄等大国的关系，积极争取对东亚地区的更大的发言权。例如巴西，巴西是拉美地区的大国，领土面积为 854.7 万平方千米，是资源和能源大国，军事力量比较强大，正致力于加强拉美国家的力量，与世界性大国争夺话语权。从上述世界各种力量发展变化的情况可以看出，国际战略格局正呈现多极化趋势。这种趋势的发展，将削弱超级大国控制和左右国际局势的能力，增强广大中小国家参与国际事务的权利，有利于世界的和平与稳定。

第三节　中国周边安全环境

中国周边安全环境是指中国在其国土周围面临的安全条件和所处的安全状况，即中国周边地区的安全形势以及中国与周边国家在安全领域的利害关系。周边安全环境是中国面临的国际环境之重要组成部分，也是影响中国国家安全与发展的最直接和最主要的外部因素。进入 21 世纪后，中国周边安全环境继续发生深刻而复杂的变化，有利于和平稳定的因素进一步增强，不利于和平稳定的因素仍然存在并时有激化，呈现出机遇与挑战并存的明显特征，维护和平稳定的周边安全环境依然任重而道远。

一、我国周边安全环境的发展变化

自1949年10月1日中华人民共和国成立至今，60多年来，中国所面临的周边安全环境随着国际政治和战略格局的发展，发生了很大的变化，对于中国的发展产生了重要的影响。主要经历了5个历史发展时期：

（一）20世纪50年代的联苏抗美时期

新中国成立以后，百废待兴。进入和平建设时期后，我国面临着第二次世界大战结束以后以苏联和美国为首的社会主义和资本主义两大阵营的对立，国际形势动荡不安，战争的危险依然存在的严峻形势，对我国安全构成直接威胁的是美国。美国在派遣第七舰队到台湾海峡，武装支持逃往台湾的蒋介石和国民党残余势力，妄图反攻大陆的同时，打着联合国的旗号出兵朝鲜，对我国东北地区的安全构成直接威胁。为了保卫新中国，防止美国入侵，捍卫国家的主权与领土完整，创造有利于我国进行经济建设的外部环境，中央和毛主席制定了“一边倒”的外交战略，中苏签署了中苏友好条约，与苏联建立了战略安全关系，共同对抗美国。当时，周边安全环境所面临的主要威胁来自东南沿海，既要打破美国对我国采取的全面封锁，又要防止蒋介石和国民党反攻大陆。随着中苏关系的稳定与发展，以及抗美援朝的胜利，中国在50年代获得了有利于进行经济建设的周边安全环境。

（二）20世纪60年代初至70年代中的抗美防苏时期

20世纪60年代以后，国际战略格局发生了重大的变化，冷战时期东西方两大阵营的对立演变成美苏两个超级大国争夺世界霸权。我国与美国、苏联的关系也发生了重大的变化。赫鲁晓夫及其继任者推行霸权主义的对外政策，导致中苏两国关系破裂和恶化，苏联对我国施加政治、经济、军事压力，在中苏边境陈兵百万，对我国北部安全构成严重威胁。随后，美国在与苏联争夺世界霸权的过程中，特别是在侵越战争失败以后，进行战略调整，采取利用我国牵制苏联的策略。在这一时期，中国所面临的周边安全形势十分严峻：北部有苏联的军事威胁，东部面临美国的间接威胁，南部和西部也不稳定，是新中国成立以来周边安全环境最恶劣的时期。面对这种严峻的国际和周边安全形势，根据毛主席提出的“深挖洞，广积粮，不称霸”的战略论断，中央先后作出建设大、小三线，搞“山、散、洞”，贯彻“全民皆兵”思想，大办“民兵师”，准备“早打、大打、打核战争”等决策，我国的军事战略方针从“北顶南放”调整为“诱敌深入”。在尖端武器研制上取得了重大的进展，“两弹一星”相继发射成功，组建了第二炮兵部队，使我国开始拥有战略核威慑力量，增强了抵抗外敌入侵、维护国家主权与领土完整的军事实力。根据国际战略格局的变化，特别是为了维护我国安全、打击苏美霸权主义的政治和战略需要，我军先后进行了中印边境自卫反击作战、援越抗美作战、珍宝岛自卫反击作战、收复西沙群岛作战等，进一步巩固了国防，在一定程度上稳定了周边安全环境，有力推动了社会主义建设事业。

（三）20 世纪 70 年代后期至 80 年代前期的重点防苏时期

进入 20 世纪 70 年代后，苏联与美国两霸既对抗又对话，面对世界和平力量有所增长的趋势，双方都不敢冒险发动新的世界大战，都试图通过操纵局部地区安全热点和冲突加紧进行地区争夺。在两霸对立的冷战时期，对我国安全构成主要威胁的仍然是苏联。在这一时期，随着中国加入联合国，重返国际社会，开始进行改革开放，集中精力搞经济建设，综合国力得到增强，特别是中美建立了外交关系，苏联和华沙条约的成员国对华政策有所调整，寻求与我国改善关系的途径。我军适时对战略方针进行调整，制定了“积极防御”的战略方针。该方针标志着我军抗击大规模侵略战争的理论更加成熟和完善，重点是防御苏联，积极改善与日本等周边国家的关系，使中国迎来了周边安全环境发生重要变化的新时期，为改革开放、发展经济创造了有利的周边安全环境。

（四）20 世纪 80 年代后期的新发展时期

20 世纪 80 年代以后，和平与发展逐渐成为世界共同关注的主题，国际战略格局酝酿着巨大的变化，中国周边安全形势发生了新的变化。随着我国与亚太地区主要国家的关系有不同程度的发展，中苏关系得到了改善，来自北方的军事压力得到减缓，中国安全面临多元化的威胁，东南沿海方向的威胁逐渐凸显出来，解决台湾问题，实现祖国统一成为我们的重要政治任务和战略选择。基于对国际形势总体趋于缓和，但局部动荡依然存在的科学判断，1985 年举行的军委扩大会议对世界政治形势和战略格局进行了全面的分析，认为在 20 世纪不爆发世界大战是可能的，但局部战争却是不可避免的，做出了我国国防建设和军队建设指导思想从过去的“早打、大打、打核战争”转变到相对和平时期建设的轨道上来的正确决策。会议强调要充分利用 20 世纪末期世界大战难以爆发的和平环境，在服从国家经济建设的前提之下，抓住机遇，全面加强国防现代化建设，提高我军在现代战争条件下的自卫能力。中国周边安全形势发展也进入新的历史时期，周边安全环境与以往相比得到了很大的改善，有利于我国加快推动以经济建设为中心的国家发展战略，增强综合国力，在维护世界和平与发展的进程中发挥更大的作用。

（五）20世纪90年代至21世纪初的新形势时期

20世纪90年代初，随着东欧剧变，苏联解体，国际战略格局发生了自“二战”结束以来最重要的变化。冷战结束后，美国成为世界上唯一的超级大国，加紧推行强权政治和霸权主义，对世纪之交的国际战略格局产生了重要的影响，中国周边安全环境也随之发生了重大的变化。尽管美国对我国实施战略遏制，但随着中国经济持续稳定的发展，综合国力得到迅速增强，军队现代化建设取得重大进展，国际地位和作用进一步增强，与周边国家的关系得到改善与发展，中国的周边安全环境有了根本性的改变。冷战结束以后，中国与周边国家之间已经不存在现实的战争或武装冲突，中国不再面临重大的军事威胁，这是中国周边安全环境得到根本改善的重要标志。进入21世纪，随着世界金融危机的发生，地区热点的升温，国际战略环境正在发生深刻的变化，美国显现走下坡路的迹象，中国的综合国力显著上升，在国际事务中的影响力越来越大，中国周边安全环境继续发生新的变化。

二、中国周边安全环境的现状

（一）周边安全环境总体稳定

第一，亚太地区安全格局在发展中保持着相对稳定。美国、日本、中国、俄罗斯、东盟和印度是决定亚太地区和平与稳定的重要力量，在亚太安全事务中发挥着重要的作用，形成既相互合作又相互制约的战略关系，构成“一超多强”、既合作又制衡的亚太安全格局。一方面，各大国之间建立并保持着程度不同的相互合作与协调关系；另一方面，各主要大国之间也存在着矛盾与复杂的竞争关系，形成相互制约的态势。由于在谋求地区安全与稳定、促进经济发展等方面存在着共同利益，亚太地区各主要大国的关系将保持相对稳定的发展势头，难以发生全面性的对抗，这种协调性的关系框架是构成亚太地区总体格局基本稳定的基础。

第二，中国与周边国家的睦邻友好关系得到全面发展。近年来，中国先后与周边国家建立了不同类型的伙伴关系，确定了在新世纪发展相互关系的基本框架。中俄在2001年签署了《睦邻友好合作条约》，使两国的战略伙伴关系得到发展；中朝传统友好关系得到恢复和加强，中韩建立了全面合作伙伴关系；中国与东盟睦邻互信伙伴关系已经升级为战略伙伴关系；中巴的全面合作关系和中蒙、中阿的睦邻友好关系得到巩固与发展；中印睦邻关系进入新的发展阶段；中日关系排除政治因素得到持续发展。

第三，促进地区稳定的多边安全机制不断发展。东盟地区论坛确定了建立信任措施、开展预防性外交、发展解决冲突机制的三阶段发展目标，对推动亚太地区的和平与稳定产生了重要影响。2011 年成立的上海合作组织共同打击恐怖主义、分裂主义和极端主义，有利于维护中亚地区和中国西北方向的安全与稳定。东北亚围绕朝鲜问题的“四方会谈”和“六方会谈”，为缓和半岛紧张局势、和平解决争端提供了重要平台。地区多边安全机制的形成与发展，为中国周边的和平与发展提供了重要保障。

（二）我国周边仍然存在着一些不稳定的因素和安全挑战

第一，存在着朝鲜半岛和印巴对抗两大地区安全热点。朝鲜半岛问题是东亚地区最大的冷战产物。在 21 世纪初期，半岛局势仍呈现出时起时伏、复杂多变的发展态势。随着“六方会谈”的继续进行，朝鲜半岛的和平进程在曲折中向前发展，但由于朝鲜与美国、韩国矛盾重重，不排除发生武力对抗和军事冲突的可能性。印巴冲突是包括领土、民族、宗教和军备之争的综合性、长期性矛盾与争端。两国核武器与常规军备竞赛愈演愈烈，克什米尔局势持续紧张，甚至走向战争的边缘。在内外因素的推动下，印巴对话和双边关系既存在着改善的可能性，也存在着爆发军事冲突的变数。这两个地区安全热点是中国周边安全环境面临的重大挑战和隐患。

第二，美日强化军事同盟和日本加快军事扩张。20 世纪 90 年代中后期，美日安全同盟实现冷战后的“重新定义”，主要防范对象由俄罗斯转变为朝鲜和中国。美日联合研制战区导弹防御系统导致亚太特别是东北亚地区战略力量的严重失衡，成为影响亚太地区安全的重要因素。进入 21 世纪以后，日美进一步加强军事同盟关系，日本利用美国的要求和支持“借船出海”，突破向海外派兵的限制，扩大对美军事支援的范围。“9. 11”事件以来，日本陆续通过《反恐怖特别措施法》、《武力攻击事态法》和《支援伊拉克重建特别措施法》等，为向海外派兵做好了准备。日本大力加强军事力量，发展大型化、远程化和进攻性的武器装备，军事战略由“本土防御型”向“海外进攻型”转变，成为东亚地区安全的潜在威胁。

第三，面临恐怖主义的现实威胁。近年来，中国周边的恐怖主义得到发展。“9・11”以后，阿富汗和中亚地区的恐怖主义、分裂主义和极端主义在暗中积蓄力量，不断制造新的恐怖袭击事件。恐怖主义已经成为东南亚地区安全的现实威胁，在南亚的印度和巴基斯坦等国，恐怖主义出现新的发展态势。由于地区相连或相近，周边地区恐怖主义的蔓延和发展将对我国周边安全产生重要的影响，特别是中亚地区的恐怖主义、分裂主义和极端主义与我国新疆境内外的“东突”分裂势力相互勾结，对新疆的稳定和中国的统一构成现实威胁。

（三）周边安全环境呈现出地缘方向上的差异性

中国地域辽阔，东临太平洋，西接亚洲，四周分别与东北亚、东南亚、南亚、中亚相邻。从海陆地缘方向来看，周边安全环境呈现出较大的差异性，大抵可概括为“陆稳海动、陆缓海紧”。具体表现为：

第一，陆地边界领土争端不断得到解决，海洋权益争端显得更加突出。在陆地方向，20 世纪 90 年代以来，中国先后与俄罗斯、哈萨克斯坦、吉尔吉斯斯坦、塔吉克斯坦、越南等国解决了边界问题和领土争端，目前只剩下中印边界问题没有解决。在海洋方向，中国与周边国家存在的岛屿主权、海域边界和资源开发等海洋权益争端大多没有解决，有的问题十分严重。中日之间不仅存在着钓鱼岛主权归属之争，还存在着专属经济区和东海大陆架划界问题；中国与越南、菲律宾、马来西亚等国存在南沙群岛争端；中韩、中朝之间在海域划界上也存在着争端。

第二，海洋方向面临的安全隐患和安全威胁大于陆地方向。从安全隐患上看，陆地方向主要存在印巴冲突和中亚地区恐怖主义、分裂主义、极端主义的活动。而海洋方向则存在着朝鲜半岛、台湾问题和南沙问题等热点问题，其中，朝鲜半岛和台湾海峡存在着爆发军事冲突的危险，对我国的战略和安全利益产生着重要影响。在陆地方向，俄罗斯已不对中国构成现实威胁，印度把巴基斯坦作为主要对手。在海洋方向，中国将直接面对美国、日本强大的军事压力，特别是近年来，美、日加强了针对中国的军事部署，把中国作为主要潜在对手。21 世纪是海洋世纪，中国的安全与发展将更依赖海洋，维护海洋安全和经济利益是中国在新世纪面临的重大课题。

第三，从东、南、西、北各地缘方向看，周边安全环境呈现出不同的发展态势，大抵可以归纳为“北稳、南和、东紧、西动”。“北稳”是指中俄、中蒙睦邻友好关系处于良好的稳定状态；“东紧”是指朝鲜半岛局势的发展复杂多变、暗藏危机，美日军事同盟和日本军事扩张对中国的安全利益产生消极影响，美国对台湾问题的干涉使中国实现统一大业面临严峻的挑战。中国东部的安全环境并不乐观，在短期内难以得到缓和。“南和”则是指中国与东南亚国家的关系在发展中联合与合作占主导地位，使中国南部安全环境处于总体稳定的状态。“西动”是指在印巴继续对抗的大背景下，中国新疆面临“东突”分裂主义的现实威胁，随着中国与南亚和中亚国家睦邻关系的巩固与发展，中国西部的安全环境处在新的变动之中，总体形势要好于东部方向。

（四）美国成为影响我国周边安全环境最重要的外部因素

美国对我国实施战略遏制，成为影响中国周边安全最重要的外部因素。美国对中国周边安全环境的影响在地域分布上看是全方位的。东部海洋方向目前依然是美国影响我国周边安全的主要地缘方向，通过在韩国和日本驻军、发展美台军事与安全合作关系、加强与东南亚国家的军事联盟与安全合作关系，直接影响我国在东部海洋方向的安全环境和安全利益。近年来，美国加紧向中国西部和北部周边地区进行渗透和扩张，加强在该地区的力量存在和战略影响，使中国周边安全环境“东急西缓”的态势发生变化。美印正在发展“战略伙伴关系”，美国实现了在中亚的军事存在，发展与蒙古的军事合作关系，美国在阿富汗和中亚驻军，使我国东西两线都面临着美国的现实军事存在和压力，对中国周边安全产生了重要影响。

美国对中国周边安全环境的影响在手段和方式上多样化。美国保持对中国直接的军事存在，即美军的前沿存在和前沿部署。美国在日本、韩国分别驻有4.7万和3.7万兵力，加强在关岛基地的军事力量，部署了空射巡航导弹战略轰炸机和攻击型核潜艇，还酝酿调整亚太驻军，将驻日、韩部队派往澳大利亚、新加坡和马来西亚的基地，军舰停靠越南金兰湾，向菲律宾派驻地面部队，形成一条小规模但机动性更强的基地链。美国还加强与发展同中国周边国家的军事同盟与军事合作关系，美国在亚太地区和日本、韩国、菲律宾、泰国、澳大利亚等国保持着军事同盟关系，把日本和澳大利亚作为实施亚太安全战略的“南北双锚”，计划建立由美、日、韩、澳等国组成的“亚太小北约”。美国大力发展同新加坡、印度尼西亚、马来西亚等东南亚国家和印度、蒙古等国的军事合作关系。美国积极介入和干预地区热点问题和危机。美国利用中国周边的一些热点问题和纷争，强化美国对亚太地区的控制和影响力。美国利用“朝鲜威胁论”削弱中国的军事实力。在台湾问题上，美国反对我国使用武力实现祖国统一，向台湾地区出售先进的武器装备，进行介入台湾未来发生军事冲突的军事部署。在南海问题上采取“积极中立”的策略，准备以“参与对话”等方式“帮助”解决争端。在南亚，美国加大了干预印巴冲突的力度，巩固其在南亚的战略利益。美国对中国周边安全所构成的威胁是直接的、严重的、长期的。在21世纪初，美国的欧亚地缘战略与中国的安全利益存在严重的冲突，美国把中国视为有能力挑战其全球利益的地区性大国和主要潜在对手，是中国地缘战略压力的主要来源。“9・11”事件以后，中美之间的战略分歧和利益冲突没有消失，美国防范和遏制中国的战略目标也没有改变，周边地区是美国遏制中国、危害中国安全利益的主要场所，因此，美国对我国周边安全的影响是直接的。美国对我国周边安全的影响是重要的，不仅直接影响到中国周边安全的整体态势和基本走向，而且严重损害中国的主权、安全和国家实现统一等根本利益，影响中国现代化建设的进程和中华民族伟大复兴目标的实现。由于遏制中国是美国的长期战略目标，这就决定了美国对我国周边安全所产生的影响将是长期的，是中国未来国家战略发展所必须面对的重要挑战。

三、我国周边安全环境的发展趋势

我国周边安全环境从总体上讲，区域性的混乱局面和紧张情况不会引发全局性的动荡，危机基本在可以控制的范围。从形势发展看，中国周边安全环境主要有以下几个特点：

第一，虽然局部地区乱象显现，但总体形势仍然保持平稳。美国在展开反恐战争的同时，逐步推进在中国周边地区的战略布局，导致地区力量加快重组，各种利益冲突加剧，一些地方矛盾时有激化。然而，中国周边长期形成的多种力量相互制衡的格局并未改变，各国既有矛盾，又互有需求，总体安全环境基本保持稳定态势。

第二，美国影响短期下降，我国影响力上升，中美关系保持稳定。中美关系，在除了管理相互之间复杂的经济失衡状态之外，还给管理彻底混乱的全球性失衡及体制问题提供了一个良好的开始。

第三，周边国家纷纷加强对美关系，但各国与美国的新矛盾逐渐显露。俄美在中亚和高加索的暗中争斗加剧，中亚国家对美支持反对派的做法日益不满，日本和韩国在对朝问题上与美政策有别，巴基斯坦、马来西亚及印度尼西亚等国都在发展对美关系上十分谨慎，并出现许多对美不满的言行。

第四，地区热点问题反复多变，但尚未触发大规模战争。

第五，地区合作需求上升，中国影响逐步增大。随着非传统安全问题日益突出，各国对恐怖主义、武器扩散、贩毒、海盗、跨国犯罪等威胁的认识日益深刻，合作意愿进一步上升。与此同时，地缘经济合作特别是东亚经济合作进一步加强，这使中国与周边国家的利益交融面扩大，成为中国周边稳定的重要因素。

中国周边安全未来的发展趋势将出现一种“动态的平稳”。美国的单边主义不会轻易改弦更张，不尽合理的旧的国际政治、经济和安全秩序难以在短期内有根本改观，以至于中国周边地区不稳定的因素难以完全排除，一些深层次的矛盾在某种条件下有可能被再度激化，新的冲突或危机有可能重新出现，以至于成为影响中国安全环境的重要因素。从接连发生的系列事件，诸如以色列袭击国际和平援助加沙货船、韩国天安舰被击沉、美提出将对朝实施“特别遏制”计划及朝的强硬对抗姿态，以及联合国表决通过制裁伊朗等，可以看出一些迹象。然而，从总体上看，和平、合作、发展、繁荣仍是周边各国所追寻的理想，大国间的协调、互动进一步加强，地区内长期形成的多种力量相互制衡的格局不会改变，出现大规模战争的可能性不大，周边地区长久以来构筑的“安全大厦”不会坍塌。这一发展态势既对中国有新的挑战，同时也为中国发挥重要作用和影响提供了新的机遇。

四、我国周边安全存在的主要问题

（一）祖国统一面临严峻形势

台湾政体正逐渐向“台独”方向转化，岛内“台独”活动日益嚣张，在“台独”势力的多年操弄和蛊惑下，部分台湾民众对两岸关系的前景仍有疑虑，对大陆仍然抱有一定戒备和恐惧心理。台湾当局“以武拒统”的军事准备不断加强，台湾军事战略已由过去的“攻防一体”改为“有效吓阻，防卫固守”。台湾军队加快了整军备战的步伐，积极修订作战预案，完善侦察预警体系，大幅调整部队编成结构，提升三军联合作战能力。

国际敌对势力把台湾问题当做制约中国的一个重要砝码加大进攻性力量建设。台湾问题一直是美国制衡中国的筹码，明里暗里怂恿支持台湾当局的“台独”，美台正朝着“联合演习”和“联盟作战”的方向发展。日本不断插手台湾问题，发展与台湾的实质性关系，企图牵制和阻挠中国的统一进程。两岸关系的发展具有长期性和复杂性，两岸和平统一与未来发展都面临着新的问题与挑战。面对新世纪两岸关系的新形势，我国政府处理台湾问题的策略有 5 个特点：一是把反对和遏制“台独”作为首要任务；二是提出和平发展战略思想，推动两岸关系进入全新历史阶段；三是开辟两岸政党交流新渠道，重新启动两会制度性协商机制；四是寄希望于台湾人民，促进两岸交流，使台湾人民真正成为海峡两岸中国人共同建立现代化社会的重要力量，参与两岸的繁荣发展；五是坚持台湾问题是内政问题，营造和巩固一个中国的反“独”遏“独”国际环境。

中共中央几代领导集体始终把解决台湾问题、实现祖国统一作为既定的战略目标，将其与中华民族的伟大复兴结合在一起，并且始终寄希望于台湾人民，始终从国家强大和民族强盛的高度来认识解决台湾问题的重要性。解决台湾问题既要有耐心，又不能无限拖延。因此每一届领导人都在当时客观历史条件下将对台工作向前推进，逐步形成了“一纲四目”、和平统一、“一国两制”、和平发展等一整套中国未来统一的制度设计。灵活运用和、战两手策略，努力争取用和平方式解决台湾问题，但不放弃非和平方式。“坚持一个中国原则，是实现和平统一的基础和前提”，“任何制造‘台湾独立’的言论和行为，都应该坚决反对”。针对“台独”、外国势力干涉或岛内将发生导致台湾从中国分裂出去的重大事变，和平统一的可能性完全丧失时，国家有采取非和平方式捍卫主权和领土完整的必要。2005 年 3 月 14 日，全国人大高票通过了《中华人民共和国反分裂国家法》，表明了中国人民反对分裂、维护统一的坚强意志和决心，也有力地震慑了“台独”势力。以军事手段为和平统一提供坚强的保障，这是毋庸置疑的。如果任由“台独”势力胡作非为，让台湾从我国版图上分裂出去，不仅我国的海上战略屏障顿失，战略防御纵深锐减，两大战路海区的联系就会被拦腰截断，而且大片海洋国土、海洋资源将被他人窃取，我国将永远被封闭在西太平洋第一岛链以内，丧失安全通达的出海口，对外贸易交通运输线将处于分裂势力和外部势力的监控与威胁之下。在中华民族存亡、兴衰、荣辱所系的问题上，中国人民和政府没有妥协的余地。“台独”意味着重新挑起战争，分裂意味着不要两岸和平，解决台湾问题是 21 世纪中国国家安全战略的重中之重。

（二）海洋权益存在复杂纠纷

1. 钓鱼岛问题

由于历史和现实的原因，我国与海上 8 个邻国均有海域划界和岛屿归属问题。维护海洋权益的斗争具有较大的复杂性和敏感性。中日钓鱼岛争端已进入白热化阶段。由于日本政府打着钓鱼岛维稳的幌子执意要搞“国有化”，从而引发了中国从政府到民间的大规模抗议。钓鱼岛问题已经波及中日间的经济层面，但中日之间能不能因钓鱼岛问题发生战争却还是个悬而未决的问题。钓鱼岛由中国最早发现、命名和使用。钓鱼岛，位于中国台湾省基隆市东北约 92 海里的东海海域，是台湾岛的附属岛屿，以海沟与琉球群岛相隔。钓鱼岛自古以来就是中国台湾、福建等省的渔民从事捕鱼、采药等活动的场所。从钓鱼岛的由来和历史发展看，钓鱼岛自古以来就是中国领土。

在钓鱼岛问题上，中方立场是一贯的、明确的。日方采取任何方式“购岛”都是非法的、无效的，中方坚决反对。中国政府在维护领土主权问题上的立场坚定不移。日本在钓鱼岛问题上的错误行径，根本在于日本一些势力对军国主义侵略缺乏正确认识和深刻反省，实质是对《开罗宣言》和《波茨坦公告》等国际法律文件所确定的战后对日安排与亚太地区秩序的蔑视和翻案，是对世界反法西斯战争胜利成果的否定和挑战。从日本处理与包括中国在内的周边邻国的领土主权争端中，丝毫看不出日本对过去的侵略战争和殖民统治有真诚的悔意，反而暴露其想通过制造与邻国的摩擦，找回因侵略战争的失败而蒙受的“损失”和颜面的用心。

2. 南海问题

美国等西方大国正积极插手南沙事务，试图利用南沙问题挑拨我国与东盟国家的关系，并制造“中国威胁论”，显示出他们共同对付中国的意图。截至2005年，中国在南沙群岛仅控制8个岛礁（包括台湾控制的太平岛），其他44个岛礁基本上被周边国家瓜分。其中，越南29个，菲律宾10个，马来西亚5个。此外，越南仍对中国实际控制下的西沙群岛提出主权要求。南海一些较小的岛礁，也有许多处于他国的控制之下。在中国南海海域争夺中，涉入的国家更多，形成了越南、菲律宾、马来西亚、印度尼西亚、文莱、中国，加上中国台湾，共有六国七方的争议。截至2009年，越南、菲律宾、马来西亚等国已在其占据的岛礁上扩展建设，以逐步实现“驻军常态化、工事永久化、阵地纵深化”。他们改变抢占岛礁扩大“主权”范围的政策，转为以军事控制、行政管理和经济开发并重的方式强化对南沙群岛的“有效占领”，企图谋求对南沙群岛“主权”的合法化。

当前中国南海问题面临着严峻挑战。为了抢占南海，周边国家连年增加军费，扩大海军、空军，发展武器装备，抓紧战场建设。美国、日本、印度等国趁火打劫，以签订军事协定、举行联合军事演习等方式，加速军事渗透，竭力遏制中国。马来西亚加紧购买武器装备，以加强对南海的争夺力量。2007年，从俄罗斯购买6架苏-30MKM战斗机。2008年，又购买12架战斗机。2008年7月，西班牙和法国联合为马来西亚皇家海军建造的第二艘潜艇组装完毕。11月，马来西亚政府决定建造第二批新一代巡逻舰，以增强海军实力。马来西亚还计划采购大量的远程巡航导弹，并与印度签署了卫星和空间技术使用协议。近年来，美国总统、国防部长、太平洋总部司令等军政要员频繁出访东南亚国家，就拓宽军事合作渠道、提升军事合作关系等问题达成了一系列协议和共识：与菲律宾签订了《军事交流合作协议》和《访问部队协定》，从而使已中断7年之久的美菲军事合作得以全面恢复；与新加坡达成了一项军事准入协议；与马来西亚达成了“开放天空”协议；与文莱达成了“允许美军舰机进入辖区”协议。美国一直希望接替俄罗斯租用的越南金兰湾海军基地，积极和印度尼西亚商讨在纳土纳建设军事基地的可行性。日本由于受战败国条约限制，在国际军事行动中极力涂抹上民事色彩。它以“救援侨民”、“远洋训练”、“学术交流”等为由，突破和平宪法对日本自卫队的限制，大肆向东南亚各国进行政治、军事渗透。南海地区各种联合军事演习的规模逐年扩大，参加演习的国家逐年增加。

（三）陆地边界争端尚未根本解决

国家拥有的领土理论上是不可分割、不可侵犯的。国家在其领土上有完全的主权，且其他国家理论上无权干涉。领土大小也象征着国家的强弱，领土纠纷甚至会直接导致战争，甚至使国家灭亡。与中国陆地接壤的国家有14个，分别是俄罗斯、哈萨克斯坦、吉尔吉斯斯坦、塔吉克斯坦、蒙古、朝鲜、越南、老挝、缅甸、印度、不丹、尼泊尔、巴基斯坦、阿富汗等。

第一，中印领土纷争不断。中印边界问题，指中国与印度的边界问题，主要包括东段、锡金段、中段和西段。中国与印度两国边界全长约2 000公里，分西、中、东3段。西段约600公里，中段约450公里，东段约650公里。几十年来，虽然中印政府一直在寻找公平、合理解决边界争端的方式方法，但至今未能取得突破性进展。中印边界问题特别代表会晤是为推动中印边界问题解决而专门成立的高级别会谈机制，自2003年成立以来已先后举行过17轮。正是在这一会谈机制的作用下，中印双方于2005年达成了“解决中印边界问题政治指导原则”，迈出了解决边界问题的第一步。印度政府在边界问题上完全继承了英国殖民主义的侵略政策，坚持其所谓“已经签订条约确认的中印边界线”。该线在西段以昆仑山脉为界，在东段则以“麦克马洪线”为界，从而造成了中印之间达12.55万平方千米的争议地区，共大小8块，均在中印边界传统习惯线我方一侧。在东段争议面积约9万平方千米，现被印度控制，称为“阿鲁纳恰尔邦”。在中段，争议面积约2 000平方千米，除个别地区外，均为印方控制。在西段，争议面积约3.35万平方千米，除巴里加斯地区约450平方千米被印军侵占外，其余在我国控制之下。由于印度坚持非法的“麦克马洪线”，在中印边界领土争端上坚持不让步立场，将中印边境地区视为战略前沿，不断加强边境地区战场建设，把边境地区建成攻防兼备的战场体系，尤其注重在中印边境对我国保持局部军事优势。中印之间曾出现边界领土争端，爆发了1962年的边境武装冲突，此后两国在政治上对立、军事上对峙了多年。20世纪80年代中期以来，两国进行了多次边界谈判，但至今无实质性进展。

第二，中朝领土边界存在一定隐患。中朝边境线全长1 334公里，其中陆界45公里，水界1 289公里。辽宁段上自辽宁省与吉林省交界的浑江河口起，下至鸭绿江入海口止，全长306公里。经过1972年至1975年进行的中朝第一次边界联检，确定沙洲、岛屿61个，其中划归中方13个。1962年，周恩来、金日成分别代表中华人民共和国政府和朝鲜民主主义人民共和国政府在平壤签订了《中朝边界条约》，白头峰和一大半天池划给朝鲜。1990年开始中朝双方进行的第二次边界联检，辽宁段因有10个未决岛屿而搁置起来，这10个岛屿是下尖沙洲、套里夹心子岛、套里上岛（朝方称间桑岛）、上桑岛下岛、燕窝外岛、夹心子岛、东太平岛、楸桑岛本岛下部增大部分以及楸桑岛子岛等。

此外，尽管中国已与其他陆地邻国大多签订了边界条约，但部分国家内部仍存在分歧，不承认相关陆地领土条约，未来仍有爆发领土争端的可能。

（四）边疆地区安全存在隐患

在新疆境内的"东突"民族分裂势力与国际恐怖主义势力勾结，以宗教为掩护，大肆进行分裂新疆的破坏活动。达赖集团打着宗教旗号，进行"藏独"分裂活动，具有很大的欺骗性和蛊惑性。某些西方大国对中国实施"西化"、"分化"战略，以"西藏独立"为突破口，支持"藏独"分裂势力搞所谓的"西藏独立"。

2013年4月16日发布的《中国武装力量的多样化运用》白皮书中指出，在和平与发展仍然是时代主题的今天，中国面临多元复杂的安全威胁和挑战。这些威胁与挑战包括：有的国家深化亚太军事同盟，扩大军事存在，频繁制造地区紧张局势；个别邻国在涉及中国领土主权和海洋权益上采取使问题复杂化、扩大化的举动，日本在钓鱼岛问题上制造事端；恐怖主义、分裂主义、极端主义"三股势力"威胁上升；"台独"分裂势力及其分裂活动仍然是两岸关系和平发展的最大威胁；重大自然灾害、安全事故和公共卫生事件频发，影响社会和谐稳定的因素增加；国家海外利益安全风险上升；机械化战争形态向信息化战争形态加速演变，主要国家大力发展军事高新技术，抢占太空、网络空间等国际竞争战略制高点。白皮书第一次将"深化安全合作，履行国际义务"作为中国武装力量多样化运用的基本政策和原则之一。

（五）海外利益屡受侵扰

随着中国经济逐步融入世界经济体系，海外利益已成为中国国家利益的重要组成部分，海外能源资源、海上战略通道以及海外公民、法人的安全问题日益凸显。白皮书首次明确提出，开展海上护航、撤离海外公民、应急救援等海外行动，是解放军维护国家利益和履行国际义务的重要方式。2011年2月，利比亚局势急剧动荡，在利比亚的中资机构、企业和人员面临重大安全威胁。中国政府组织了新中国成立以来最大规模的撤离海外公民行动，共撤出 35 860 人。中国海军履行国际义务，在亚丁湾、索马里海域开展常态化护航行动，与多国护航力量交流合作，共同维护国际海上通道安全。截至 2012 年 12 月，中国海军护航编队共为 4 艘世界粮食计划署船舶、2455 艘外国船舶提供护航，占护航船舶总数的 49%。

第四节 非传统安全威胁

一、非传统安全威胁概述

非传统安全威胁是相对传统安全威胁而言的，指除军事、政治和外交冲突以外的其他对主权国家及人类生存与发展构成威胁的因素，主要是人类社会过去没有遇见或者很少见到的，这些年逐渐凸显出来的，发生在战场之外的与其他一个或多个国家相互作用，并对本国或别国乃至地区与全球的生存与发展、国家安全与社会稳定能够构成重大威胁的、非军事和政治冲突所引起的其他领域的安全问题。

二、传统安全威胁与非传统安全威胁的主要区别

1. 内容不同

传统安全威胁按照威胁程度的大小，可以分为军备竞赛、军事威慑和战争三类。战争又有世界大战、全面战争与局部战争、常规战争与核战之分。非传统安全问题主要包括：经济安全、金融安全、生态环境安全、信息安全、资源安全、恐怖主义、武器扩散、疾病蔓延、跨国犯罪、走私贩毒、非法移民、海盗、洗钱等。

2. 特点不同

传统安全问题一般都是来自主权国家之间的利益冲突与纷争。而许多非传统安全威胁却不是国家行为直接造成的，如恐怖主义就是由许多个人、组织或集团等所为。非传统安全问题不仅是某个国家存在的个别问题，而且是关系到其他国家或整个人类利益的问题；不仅会对某个国家构成安全威胁，也会对别国的国家安全不同程度地造成危害。非传统安全问题很容易超越国家间的界限，从一个国家和地区向

其他国家和地区蔓延，在世界范围内繁衍、嬗变和扩散，变成全球性的问题。

三、非传统安全威胁产生的背景

非传统安全威胁早已有之，并非一个全新的问题。之所以由原先潜在的、局部的问题演变成全球性的现实威胁，有其复杂而深刻的历史背景和成因，主要有以下四个方面。一是国际政治长期的不公正，引发更多矛盾和危机，成为诱发恐怖主义等非传统安全威胁的重要原因。一些处于弱势的群体，采取极端手段进行抗争，就可能结出像恐怖主义的恶果。二是世界经济发展长期的不平衡，造成更多不安全因素。世界经济发展的失衡导致的部分国家的极端贫穷和落后，催生了相关国家部分民众的绝望心理和铤而走险的心态，为恐怖主义的滋生和蔓延提供了土壤，难民和非法移民数量也急剧增加。三是人类发展与自然环境长期失调，导致更多环境安全问题出现。人与自然关系的失谐已经影响到人类整体的安全。四是国家间联系的迅速发展与国际危机防范机制建设不相匹配，使得各种非传统安全威胁难以得到及时遏制。

20 世纪中后期以来，经济全球化加速发展，生产要素流动和产业转移加快，各国相互依存日益加深，全球经济已经成为一个有机互动的整体。这为各国经济发展带来了许多有利条件，但也导致经济和金融风险时起时伏，跨国犯罪日益猖獗，传染性疾病传播范围和速率明显加大。虽然国际社会为消除这些负面影响进行了不懈努力，但尚未形成完整、系统的国际防范机制。一旦某个国家、地区发生危机，就会出现“多米诺”效应，波及更大范围，导致类似的危机反复发生。国际社会在反恐、卫生防疫、防灾减灾、打击跨国犯罪等领域面临着许多现实和历史遗留的问题，这是我们必须认真思考和加以解决的。

四、非传统安全威胁涉及的主要领域

（一）恐怖活动

恐怖活动是指恐怖分子制造的一切危害社会稳定、危及平民的生命与财产安全的一切形式的活动，通常表现为针对平民的爆炸、袭击和劫持人质（绑架）等形式。与恐怖活动相关的事件通常称为“恐怖事件”、“恐怖袭击”等。如美国“9·11”事件：2001 年 9 月 11 日，美国 4 架民航飞机遭恐怖分子劫持，其中两架撞击了纽约世界贸易中心，两座塔楼相继坍塌，一架飞机撞击了华盛顿附近的五角大楼，另一架坠毁在宾夕法尼亚州的匹兹堡附近。共造成 3 000 多人死亡或失踪。2013 年 4 月 15 日下午 2 点 15 分左右，美国波士顿马拉松比赛终点线附近发生两起爆炸，至少造成 3 人死亡、141 人受伤，其中一名死者是年仅八岁的男孩。

在国际恐怖主义给国际社会带来的危害问题上，各国几乎都认同以下几点：（1）它漠视国家主权和基本人权，无视联合国在国际安全事务中的地位和作用，造成一种国际范围内的无政府状态，漠视国际人道主义基本原则，滥用暴力或极端手段，造成大量人员伤亡，对国际安全造成威胁。（2）它通过各种非法渠道敛取钱财，破坏社会人力物力财力资源，损坏社会公共设施，造成财产直接损失，损毁多年积累的人类历史文明成果，毁灭性地破坏人类赖以生存的自然资源环境，对世界经济形成直接或间接危害。（3）它践踏国际法基本原则，违背世界和平与发展两大主题，对国际政治、经济新秩序，尤其是对国际法律新秩序构成极大威胁。

（二）网络安全

网络安全是指网络系统的硬件、软件及其系统中的数据受到保护，不因偶然的或者恶意的原因而遭受到破坏、更改、泄露，系统连续可靠正常地运行，网络服务不中断。网络安全包含网络设备安全、网络信息安全、网络软件安全。从广义来说，凡是涉及网络上信息的保密性、完整性、可用性、真实性和可控性的相关技术和理论都是网络安全的研究领域。网络安全是一门涉及计算机科学、网络技术、通信技术、密码技术、信息安全技术、应用数学、数论、信息论等多种学科的综合性学科。它具备保密性、完整性、可用性、可控性、可审查性等特点。

2009 年到 2010 年间，美军用计算机病毒“网震”攻入伊朗军方系统，接着选择关键时机，使伊朗铀浓缩工厂的大约 900 台离心机同时失效。该病毒后来被电脑专家称为世界上“首枚数字弹头”。有军事专家分析认为，这种病毒是美国为伊朗铀浓缩工厂“量身定做”的，虽然该控制系统与外部互联网隔绝，但是很可能通过移动存储设备感染了病毒。

（三）金融安全

金融安全指货币资金融通的安全和整个金融体系的稳定。金融安全是金融经济学研究的基本问题，在经济全球化加速发展的今天，金融安全在国家经济安全中的地位和作用日益加强。金融安全是和金融风险、金融危机紧密联系在一起的，既可用风险和危机状况来解释和衡量安全程度，同样也可以用安全来解释和衡量风险与危机状况。安全程度越高，风险就越小；反之，风险越大，安全程度就越低。危机是风险大规模积聚爆发的结果，危机就是严重不安全，是金融安全的一种极端。

亚洲金融危机指发生于1997年的一次世界性金融风波。风波造成泰国、印度尼西亚、韩国等国的货币大幅贬值，同时造成亚洲大部分主要股市的大幅下跌，冲击亚洲各国外贸企业，造成亚洲许多大型企业的倒闭，工人失业，社会经济萧条。泰国、印度尼西亚和韩国是受此金融风暴波及最严重的国家。新加坡、马来西亚、菲律宾和中国香港也被波及。2007—2009年环球金融危机，又称世界金融危机、次贷危机、信用危机，更于2008年被命名为金融海啸及华尔街海啸等，是一场在2007年8月9日开始浮现的金融危机。自次级房屋信贷危机爆发后，投资者开始对按揭证券的价值失去信心，引发流动性危机。即使多国中央银行多次向金融市场注入巨额资金，也无法阻止这场金融危机的爆发。到2008年9月9日，这场金融危机开始失控，并导致相当大型的金融机构倒闭或被政府接管。

五、非传统安全威胁的主要特点

（一）跨国性

非传统安全问题从产生到解决都具有明显的跨国性特征。首先，许多非传统安全威胁本身就属于“全球性问题”，如地球臭氧层的破坏、生物多样性的丧失、严重传染性疾病的传播等，都不是针对某个国家或某个国家集团的安全威胁，而是关系到全人类的整体利益。其次，许多非传统安全威胁具有明显的扩散效应。如美国次贷危机和欧洲债务危机，始于一个或几个国家，却最终波及全球，而且随着其不断扩散，其危害性也在逐渐积累、递增，酿成更大的危机。最后，许多非传统安全威胁的行为主体呈“网络化”分散于各国。如以“基地”为核心的国际恐怖组织就分散在全球60多个国家，其结构呈网络状，彼此并无隶属关系，但联系紧密，危害全球。

（二）不确定性

非传统安全威胁不一定来自某个主权国家，往往由非国家行为体如个人、组织或集团等所为。传统安全的核心是军事安全，主要表现为战争及与之相关的军事活动和政治、外交斗争。非传统安全威胁远远超出了军事领域的范畴。如能源危机、资源短缺、金融危机、非法洗钱等主要与经济领域相关；有组织犯罪、贩运毒品、传染性疾病等主要与公共安全领域相关；环境污染、自然灾害等主要与自然领域相关。非传统安全威胁的多样性，决定了靠单一手段难以根治，必须多种举措并用。

（三）突发性

传统安全威胁从萌芽、酝酿、激化到导致武装冲突，往往会通过一个矛盾不断积聚、性质逐渐演变的渐进过程，往往会表现出许多征兆，人们可据此而采取相应的防范措施。然而，许多非传统安全威胁却经常会以突如其来的形式迅速爆发出来。首先，不少非传统安全威胁缺少明显的征兆。据有关资料，1990 年以来全球有 100 多起影响较大的恐怖事件，都是在毫无防范的情况下发生的。从 20 世纪 80 年代出现的艾滋病，到近年来的“疯牛病”、口蹄疫、“非典”、禽流感等，当人们意识到其严重性时，已经造成了很大危害。其次，人类对某些问题的认识水平还有限。如地震、海啸、飓风等自然灾害，其发生前并非全无征兆，但由于人类在探索自然方面还有许多未解之谜，而全球经济、科技发展的不平衡，也导致许多发展中国家缺乏对灾害的早期预警能力。此外，金融危机、传染性疾病等非传统安全威胁并非源于某个确定的行为主体，其威胁的形成过程也带有很大的随机性，使防范的难度明显增大。

（四）转化性

非传统安全与传统安全之间没有绝对的界限，如果非传统安全问题矛盾激化，有可能转化为依靠传统安全的军事手段来解决，甚至演化为武装冲突或局部战争。非传统安全威胁与传统安全威胁相互交织、相互影响，并在一定的条件下相互转化。

近年来，各国进一步拓展和深化了在反恐、防扩散、打击海盗、打击毒品走私、海上搜救、人道主义救援等方面的军事合作。强化国家间的安全与合作，通过加强国家间的对话与合作，树立以互信、互利、平等、协作为核心的理念，建立国际安全新体系。对付非传统安全威胁不能再依靠单一的军事手段，而需要综合运用政治、经济、外交、法律、科技等手段，从共同的安全利益出发，积极对话，推进和平发展与安全合作。

第四章　军事高技术与信息化战争

科学技术的发展，特别是军事高技术的发展，在军事领域引发了一系列深刻而激烈的变革，使得现代战争力量的对比在很大程度上表现为力量集成化、战场数字化、指挥网络化、打击精确化、保障一体化等高技术的较量。而军事信息化是当前军事建设的主要发展趋势，其根本目的是提高军队的核心战斗力即信息力和结构力。本章将结合信息化战争的特点及趋势等相关问题，对军事高技术和信息化予以介绍。

第一节　军事高技术概述

从20世纪80年代以来屡次发生的局部战争中可以看出，现代战争已在很大程度上表现为高技术的较量，谁拥有军事高技术，谁就能够在战争中占据更大的主动权。力量集成化、战场数字化、指挥网络化、打击精确化、保障一体化已经成现代战争的发展趋势，其作战方式也从过去以陆地为主、侧重对敌实施切面作战发展为陆、海、空、天、电一体化的联合作战。随着现代信息技术在战争领域掀起的巨大变革，研究和运用新的战法和相关军事技术实属必要。

一、军事高技术的概念及特征

高技术，亦称高新技术，目前学术界对其尚没有一个公认的概念。通说认为，高技术是建立在综合科学研究基础上，处于当代科学技术领域前沿或领先地位的，对促进经济与社会发展、增强国防力量有巨大推动作用的技术群。目前高技术主要包含6大技术群，即信息技术群、新材料技术群、新能源技术群、生物技术群、海洋开发技术群和航天技术群。军事高技术就是那些为了满足国防现代化需要，能够产生新武器系统、作战指挥系统和作战方法而发展起来的新技术群。

军事高技术作为具有领先地位的技术群，其主要特征是：第一，高智力。作为知识密集型技术，它的发展必须依靠创造性的智力活动，依靠富有创新意识、创新能力的高素质人才。第二，高投入。高技术的研究开发，需要昂贵的设备与较长的研究周期。第三，高竞争性。高技术的时效性决定了先掌握高技术、先开发出产品并抢先投放市场或用于战场者将获得极大的竞争优势与主动性，如美国的星球大战计划、前苏联的战略防御研究计划、西欧的“尤里卡”计划、日本的“科技立国”计划、中国的“863计划”，等等，各国都试图在世界高技术发展的竞争中占有一席之地。第四，高风险。高技术研究本身隐藏着巨大的风险，甚至要以生命为代价，高技术研发的失败，对企业而言意味着投资的失败，对国家而言意味着国家利益受损。以航天技术的发展为例，根据英国《新科学家》杂志数据分析，目前正在运行的国际空间站，在组装过程中，发生至少一次重大失误的可能性为73．6%。第五，高效益。开发和利用高技术的目的就是为了最大限度地提高社会劳动生产力和军队的战斗力，以取得最大的社会经济效益和军事上的优势地位。第六，高渗透。高技术本身具有极强的综合性与技术辐射性，隐藏着巨大的技术潜力，不仅可以用于创立新兴产业，而且可以用于改造传统产业，成为经济、国防、科技、政治、外交等各个领域发展的驱动力。第七，高速度。高技术产业是当前发达国家中增长最快也是最活跃的经济部门。以美国为例，1990—2000年度美国经济连续十年高增长、低膨胀，且GNP（Cross National Product，国民生产总值）占世界生产总值比例也由20世纪90年代初的24%上升到2000年的30%，这得益于以信息化技术为龙头的高技术产业的推动。同时，高技术产业的成功还突出体现在产品性能更新的高速度上，如计算机芯片的处理速度，几乎每隔18个月翻一番，目前运行速度最快的电脑——蓝基因（Blue Gene）的运行峰值速度可达360万亿次/秒。

二、军事高技术分类

（一）从基础技术领域的角度分类

军事信息技术。信息技术主要指信息的获取、传递、处理等技术，它是高技术的先导。信息技术以微电子技术为基础，主要包括微电子、光电子、计算机、自动化、卫星通信和激光、光纤通信技术等。几乎所有的高技术武器装备系统都与信息技术有关。

军用新材料技术。军用新材料技术是发展高技术武器装备的物质基础，也是当今世界军事领域的关键技术。主要包括信息材料、能源材料、新型结构材料和功能材料等。如碳纤维复合材料，它是一种质轻、强度高的复合材料，主要以聚丙烯腈为原料，具有强度高、刚度高、耐疲劳、重量轻等优点。采用这种材料后，美国的AV-8B垂直起降飞机的重量减轻了27%，F-18战斗机的重量减轻了10%。

军用新能源技术。所谓“新能源”，是指以前未被人类大规模利用、有待于进一步研究试验和开发利用的能源。新能源技术，主要包括核能、太阳能、风能、地热能、海洋能和生物能技术等。新能源技术在军事上的应用使武器装备发生了新的飞跃。如利用铀、钚等原子核的裂变链式反应原理，利用氘、氚等轻原子核的聚变反应原理制成的原子弹、氢弹等核武器，使用核反应堆作为舰艇的最佳动力源、使用氢燃料作为航天器的推进剂等。

军用生物技术。生物技术主要包括基因工程（又称遗传工程）、细胞工程、酶工程和发酵工程技术等，它已成为21世纪的核心技术。军用生物技术除了人们已知的基因武器外，还包括生物电子装备、生物炸弹、军用仿生导航系统、军用生物传感器、军用生物能源、军用生物装具、军用生物医药、军用仿生动力、军用动物武器、神经网络计算机、军用生物材料等。

军事海洋技术。海洋技术主要包括海洋及其周围环境（海洋大气、海岸、海底）的资源开发和空间利用等技术。现代科学技术的迅速发展，为军事海洋技术的研究开拓了新的途径。海洋卫星、遥测、遥感、激光、光纤、水下电视、旁侧声呐、深潜器、饱和潜水等新技术在海洋开发中的应用，对海洋现象的认识将不断深化。未来军事海洋技术的研究将逐步趋于远洋、深海，并重点加强水声技术和海底军事利用方面的研究。

军事航天技术。军事航天技术主要包括：航天发射运输技术、航天器技术和航天测控技术等。军事航天技术即通过将航天器送入太空以完成侦察、摧毁、通信、导航、气象测报、军事指挥和武器研制等项军事任务的综合性工程技术。

军事纳米技术。纳米技术是指研究电子、原子、分子在0.1～100纳米尺度空间内的运动规律、内在运动特性，并利用这些特性制造具有特定功能设备的高技术。目前各军事大国相继制定了军事纳米技术开发计划，诸如利用纳米技术研制新型导航与制导系统、新概念太阳能光电转换器件，以加速武器装备小型化、信息化和一体化进程；研制性能独特的纳米隐身材料，促进隐身兵器的发展；开发专用集成微型仪器，制造尺寸缩小到最低限度的纳米卫星，等等。

（二）根据军事高技术在战场的功效分类

精确制导技术。精确制导技术是采用导引和控制的方法，调整受控对象的运行轨迹，使其命中目标的概率超过50%的技术。精确制导技术主要应用于精确制导武器或无人驾驶的作战平台。

隐身伪装技术。隐身技术即低可探测技术或目标特征控制技术，它通过改变目标的可探测信息特征使其难以被发现或被发现的距离缩短。主要应用于飞机、导弹、舰船、坦克等突击兵器上。从广义上讲，伪装技术包含隐身技术，但涉及的面更为宽泛，可归纳为“隐真示假”四个字。

侦察监视技术。侦察监视技术是指使用探测器接收目标发射、反射的电磁波等目标特征信息并通过对其处理进而发现、区分、识别、定位、监视和跟踪目标的技术。其技术设施可以使用在各种作战平台上。

电子对抗技术。电子对抗技术，即指利用电子设备、武器、器材破坏敌方电子设备的效能，同时保护己方电子设备运行的综合性技术。包括雷达对抗、无线电通信对抗、光电子对抗、水声对抗以及网络电子对抗等方面技术。

指挥控制技术。指挥控制技术是一门以信息技术为基础、以提高战争运作效率为目的、以各主要军事技术的有机整合为内容的人机系统工程技术。现代军事自动化指挥系统一般称为C4ISR。C4ISR是军事术语，它是现代军事指挥系统中7个子系统的英语单词的第一个字母的缩写，即指挥Command、控制Control、通信Communication、计算机Computer、情报Intelligence、监视Surveillance、侦察Reconnaissance。

另外还有如核、生物、化学武器技术，定向能武器技术，动能武器技术，次声武器技术，环境武器技术等一些与传统的武器概念不同的新军事技术。

三、军事高技术对军队建设的影响

第一，高技术极大地提升了人类在现代作战中的能力。高技术尤其是信息技术的进步引发了武器装备领域和军队建设领域的一场革命，武器装备的性能得到明显改善甚至是质的飞跃，军队战斗力直线上升，从而使人类的现代作战能力得到极大的提高。

第二，高技术改变了现代作战的直接目标。高技术尤其是信息技术给武器系统带来的最大变化就是其主导技术的变化，在高技术大量运用之前，战场武器系统的主导技术是机械类的，作战的直接目标是消灭对方以机械能、化学能支撑的有生力量。而高技术运用于战场后，信息技术主导了战场武器系统，几乎所有的武器都依赖于信息技术，信息化兵器、信息化军队和其他信息资源已经成为战场力量的主体。

第三，高技术催生了新的作战方法。高技术尤其是信息技术运用于战场后，信息战成为现代作战的基本内容，因此过去的机械化战争时期的作战方法已经不能实现现代战争的作战目标了，这就催生了一系列围绕信息战而展开的新的作战方法，如美国军队在伊拉克战争中便采取了电子战、网络战、指挥系统瘫痪战、战略心理战、震慑战、舆论战、斩首战等。

第四，高技术推动了军队的转型。高技术尤其是信息技术的进步，对从机械化战争时期走来的军队提出了挑战，旧的军队编制、武器、训练、作战模式和思想理念，已经不能适应现代战争的需要了。

第五，高技术孕育了新的作战理论。在高技术尤其是信息技术运用于战场后，旧的机械化战争的作战理论已经不能反映现代战争的规律，而以信息战理论为主线的新的作战理论体系则破土而出，不断发展。

第六，高技术促进了战争形态的演变和发展。高技术尤其是信息技术的发展，使人类由工业社会逐步进入信息社会，军事高技术对现代作战影响的最终表现是在促进机械化战争形态向信息化战争形态的演变和发展上。

四、军事高技术发展趋势

当前，社会的信息化程度不断提升，信息技术的核心地位和高速持续发展的趋势正在继续全面影响军事高技术的发展。人工智能技术被应用于军事领域后所形成的军事人工智能技术同样得到飞速发展，军事人工智能技术的地位将越来越高。技术必将成为人类战争和社会发展进程中的又一个战略制高点。近年来，纳米技术的迅速发展，已经对诸多领域产生了重要影响，军事纳米技术将取得重要的突破，从而对现代战争产生许多重大的影响。许多国家都对生物技术和生命科学的发展作出了长远的规划，军事生物技术可能引起军事领域的又一次革命。近几十年科学技术发展的速度十分惊人，必将渗透到军事领域，催生出许多新的军事高技术，进而影响战争的发展。

五、军事高技术与新军事变革

军事变革是与社会发展相联系并由科学技术的进步在军事领域所引起的根本性的、全方位性的、具有深刻影响的变革。当今世界正进行的新军事变革，是以安全态势演变为动因、以高新技术特别是信息技术发展为动力、以军事观念转变为牵引、以军事体系调整为中心的全方位、多领域、全系统的全新军事变革，涉及军事理论、军事战略、军事形态、作战思想、指挥体制、部队结构、军备发展、国防工业等各个方面，其核心是推动国防和军队建设由机械化向信息化转换。最具代表性的理论有三种：一种是以俄罗斯未来军事学家斯里普琴科为代表的战争形态论，即六代战争说；一种是以美国未来学家托夫勒为代表的三代战争说；另一种是两次半军事革命说。

当前，新军事变革来势迅猛，极大地冲击着人类社会生活特别是军事实践，呈现出全新的特征。从基本的层面看，表现有5个方面：武器装备智能化、编制体制精干化、指挥控制自动化、作战空间多维化、作战样式体系化。从战略性层面看，具有持续周期较短、性质相对独立的特征。

第二节　高技术在军事上的运用

高技术武器是指那些应用高技术研制的新武器和改造的现行武器，其与传统的同类武器装备相比有了质的飞跃。战争将是未来相当长一段时期内一些大国所采取的主要战争方式，高技术武器将会被越来越多的国家使用。高技术武器命中精度高、射程远、反应速度快、机动性好、可靠性高，对战争的战略战术和结局将产生重大影响。

一、精确制导技术的军事运用

精确制导技术是指按照一定规律控制武器的飞行方向、姿态、高度及速度，引导战斗部队准备攻击目标的军用技术。它是以高性能的光电探测器为基础，采用目标识别、成像跟踪等方法，控制和引导武器准确地命中目标。

精确制导技术在武器中的运用主要是精确制导武器。精确制导武器是指采用精确制导技术，直接命中概率在50%以上的武器，可分为导弹和精确制导弹药两大类。导弹与精确制导弹药的主要区别在于，前者是依靠自身动力装置推进，内置导引系统，控制其飞行路线并导向目标的武器或武器系统；后者自身无动力装置，根据不同的作用原理可分为末制导弹药和末敏弹药两类，需借助火炮或飞机投掷，也没有全程制导装置，仅有在飞行末段起作用的寻的装置或敏感器。

在战争实践中，精确制导武器已成为现代战场的主要打击兵器。如美军在海湾战争以后的历次战争中，使用精确制导武器的数量占全部弹药总量的比例不断上升，到2003年伊拉克战争时，这个比例已经达到68%。精确制导武器在现代作战中的大量使用，使作战样式发生了新的变化，给现代作战带来许多新的变化，渐渐成为改变军事力量对比的重要杠杆。

二、隐身伪装技术的军事运用

隐身技术，又称隐形技术、低可探测技术或目标特征控制技术，是通过降低武器装备等目标的信号特征，使其难以被发现、识别、跟踪和攻击的综合性技术。目前，隐身技术通常分为雷达隐身技术、红外隐身技术、电子隐身技术、可见光隐身技术、声波隐身技术等。随着隐身技术的发展和应用，其在未来战场上的作用将越来越大。

隐身技术运用的直接形式是发展隐身武器装备。隐身技术研制的不易被敌方雷达、红外、电子、可见光和声波探测系统发现的武器，为有效解决武器装备的战场生存问题提供了新的途径，改变了传统的靠增加钢甲厚度而牺牲机动性能来提高生存能力的方法，实现了隐身、机动和防护的完美结合。因此，隐身武器装备格外受世界各国军队的青睐。

伪装技术的基本原理是减小目标与背景在可见光、红外、微波等电磁波段的散射或辐射特性的差别，隐蔽真实目标或降低目标的可探测性特征，模拟或扩大目标与背景的这些差别，以构成假目标欺骗敌方。

现代伪装在战争中的应用主要包括防光学侦察伪装、防雷达侦察伪装及防红外侦察伪装。防光学侦察伪装是指利用天然遮障、人工遮障、伪装材料、烟雾及布置人工斑点等来减少目标的暴露，防止被敌人光学侦察发现。防雷达侦察伪装的最佳途径是利用地形、地貌来进行伪装，但对于雷达波通视区内的目标，则应设法消除或模仿雷达波的反射差别。防热红外侦察伪装用于妨碍热红外侦察器材发现目标和热制导弹头命中目标，主要方法是利用地形的隐蔽或隔热性能隐蔽目标，使用吸热材料设置隔热遮障，设置假热目标，等等。

三、侦察与监视技术的军事运用

侦察与监视是军队为获取敌情、地形及其他有关作战情况而进行的活动，其直接目的是探测目标。一般来说，整个探测过程可分为6个阶段，即发现、区分、识别、定位、监视和跟踪。

当前，侦察与监视技术在军事活动的不同领域空间都得到适用，可分为地面、水下、航空、航天等侦察监视技术。第一，地面侦察监视技术。地面侦察监视是在陆地上进行的侦察监视活动，其手段除熟悉的光学侦察外，主要还有无线电技术侦察、雷达侦察和地面传感器侦察等。第二，水下侦察监视技术。水下侦察监视是利用水下侦察监视设备来探测水下的各种目标，侦察监视装备大体可分为两类，即水声探测设备和非水声探测设备，它是现代侦察监视系统的重要组成部分。第三，航空侦察监视技术。航空侦察监视是指使用航空器对地面、水面或水下以及空中的情况进行的侦察活动，它由航空侦察监视设备和航空侦察监视平台两部分组成。第四，航天侦察监视技术。航天侦察监视是指使用有侦察设备的航天器在外层空间进行的侦察活动，它具有轨道高、速度快、范围广、限制少等优点。

四、电子对抗技术的军事运用

电子对抗，美国及北约其他国家称为“电子战”，俄罗斯称为“电子斗争”。电子对抗技术主要是指以专用电子设备、仪器和电子打击武器系统降低或破坏敌方电子设备的工作效能，同时保护己方电子设备效能正常发挥的一种技术活动。

电子对抗技术能够干扰和破坏敌方防空系统。如果雷达遭到干扰或破坏，防空体系就会受到干扰或破坏，失去或部分失去防御能力。现代武器系统的效能在很大程度上依靠电子技术，如高炮要靠雷达瞄准，导弹要靠雷达和计算机操纵、控制和引导。如果雷达受到干扰或破坏，导弹就会失控。电子对抗技术能够夺取战场主动权，通过电子反侦察、反干扰、反摧毁等各种对抗措施，就能保证己方电子设备和系统正常工作。

五、指挥自动化技术的军事运用

指挥控制技术，是在军队指挥系统中使用的、便于指挥员和指挥机关对所属部队的作战及其他行动的指挥，实现快速和优化处理的一系列信息技术的总称。它以电子计算机技术为核心，是集成侦察、监视、情报、指挥、控制、通信等于一体的综合技术体系。在功能上，指挥信息系统大体由信息获取、信息处理、信息传输和综合控制 4 个分系统构成。因此，对应上述功能，指挥控制技术可分为：信息获取技术、信息处理技术、信息传输技术和综合控制技术。在指挥、控制、计算机、通信（command，control，computer，communications，C4）系统中，其主体是计算机技术和通信技术。

指挥自动化技术对作战有很大的影响。第一，作为军队战斗力的“倍增器”，指挥信息系统可以极大地提高军队的战斗力。第二，作为军队一体化作战体系的“黏合剂”，指挥信息系统可以将现代军队的各个系统有机地联为一体，充分发挥军队的整体威力。第三，作为军队指挥控制的重要手段，指挥信息系统可以大幅度提高联合作战指挥员的指挥能力。第四，作为打赢信息化条件下打赢局部战争的根本保证，指挥信息系统可以让作战力量的指挥控制能更好地适应复杂的战场环境。

六、核技术及其军事运用

核武器是利用能自持进行的原子核裂变或聚变反应瞬时释放的巨大能量，产生爆炸作用，并具有大规模杀伤破坏效应的武器的总称。随着核武器技术的发展，核武器的种类日益增多。从核装置结构原理划分，可分为原子弹、氢弹和特殊性能核弹。特殊性能核弹包括中子弹、减少剩余放射性弹等。

核武器释放的总能量，通常用爆炸相同能量的 TNT 药量来表示，又称 TNT 当量。核武器爆炸时，产生 5 种杀伤破坏效应：冲击波、光辐射、早期核辐射、放射性沾染和核电磁脉冲。发现闪光后，应迅速利用就近地形地物卧倒，卧倒时应该双手交叉垫胸、闭眼、憋气、脚并拢，卧倒的方向依核武器爆炸的方向和地形的特点而定。在开阔地面，当地形地物较小时，应背向爆心卧倒，以重点防护头部。在室内来不及外出隐蔽的人员，应该避开门、窗，在屋角或靠墙的床下、桌子下卧倒，以避免间接伤害。正在行驶的车辆，发现闪光后，应立即停车，车上人员在车上卧倒，不能卧倒的人员姿势要尽量低。

七、新概念武器

新概念武器与传统武器相比，其在基本原理、杀伤破坏机理和作战方式上都有本质区别，是尚处于研制或探索之中的一类新型武器。目前研制中的新概念武器主要包括：定向能武器、动能武器、高超声速武器、声波武器、基因武器、环境武器、网络战武器、微型无人作战平台和非致命武器等。这些均在一定程度上代表了未来武器装备的发展方向。新概念武器的实现和陆续实用化，必将对 21 世纪的装备建设、作战理论和军队编制等产生一系列革命性影响。

定向能武器包括激光武器、高功率微波、射频武器和粒子束武器，一般主要指高能激光和微波。它们可以击毁处在任意发射阶段的弹道导弹，包括发射初期、加速中、飞行中和最后阶段，是美国、俄罗斯等军事科技较为发达的国家一直大力发展的一类新型武器，中国对此也非常重视。与定向能武器相比，动能武器毁伤能力强，毁伤效果容易判定，作战使用不像地基定向能武器那样受气象条件限制，部署方式多样，生存能力强。高超声速武器主要有高超声速巡航导弹和高超声速飞机等。声波武器可以发射极低或极高频率的高功率声波，使人丧失意识、失去能力，在极近的距离内甚至能破坏人体内脏组织。基因武器也称遗传工程武器或 DNA 武器，它是用先进的遗传工程技术，通过基因重组，从而有选择地消灭敌方有生力量的一种生物武器。环境武器是指通过利用或改变自然环境状态所产生的巨大能量来攻击目标的武器。随着科学技术的发展，在未来的战争中，交战军队将有能力借助先进技术最大限度地利用自然环境中潜在的巨大能量呼风唤雨，让人工灾难降临到敌人头上。非致命武器是指为达到使人员或装备失能，并使附带破坏最小化而专门设计的武器系统，它不以杀伤人员和毁坏装备、设施为目的，而是针对人员、装备、基础设施的薄弱环节，使其失去作战能力或不能正常发挥作用，从而达到作战目的。

第三节　信息化战争与国防建设

人类社会已经进入信息时代，进行战争的方式和样式及战争理论也已发生重大变化。信息化战争作为一种全新的战争形态，已经开始登上现代战争的舞台，全新的战争已经展现在世界人民面前，并将给整个世界政治、经济、文化及社会生活等带来巨大的影响和变革。信息化战争的到来，扩大了世界各国战略力量对比的不平衡性，增大了发展中国家战略选择的难度，特别是使我国国防建设与发展面临了严峻挑战。对此，我们必须立足当前，着眼未来，从发展的角度搞好国防和军队的现代化建设，以求在未来信息化战争中立于不败之地。

一、战争形态的信息化演变

（一）机械化战争

农业时代的手工业生产方式，决定了战争能量的释放形式主要是依靠人的体能，战争所使用的武器主要是冷兵器。因此，这一时代的战争被称为冷兵器战争。工业时代的机器大工业生产方式，决定了热能成为战争能量的释放形式，战争所使用的武器为机械化武器。因此，这一时代的战争被称为机械化战争。20 世纪中叶以来，由于科学技术的飞速发展和生产力水平的大幅度提高，以计算机技术和信息技术为龙头的高新技术群不断涌现，大量信息化武器装备投入战场，为新一轮战争形态的变革提供了基础。

（二）信息化战争

信息化战争是信息时代的基本战争形态，是信息化军队在陆、海、空、天、信息、认知、心理七维空间内，用信息、信息系统和信息化武器装备进行的战争。其基本特征一是信息资源主导化。在未来战争中，对信息的争夺将发挥核心作用，可能会取代以往冲突中对地理位置的争夺。二是武器装备信息化。信息武器系统、单兵数字化装备、C4KISR 信息指挥系统等使科学技术物化为战争“手臂”，引起战争形态更加深刻的变革。三是作战空间多维化。信息化战争作战空间的这种多维性和复杂性，打破了传统的作战空间概念。四是作战节奏快速化。随着计算机、电子通信、卫星技术和信息化武器装备的发展，信息化战争的作战节奏和作战速度与机械化战争相比将大大提高，持续时间明显缩短，呈现出短暂快速化的特征。五是作战要素一体化。通过信息网络和信息技术，可以将处于不同空间位置的各种作战能力联结成一个有机整体，形成一体化作战力量。六是作战指挥扁平化。纵向上单兵数字化指挥控制系统成了指挥体系的最小层次。七是作战行动精确化。信息化战争中使用大量的精确制导武器，使各种作战行动的精确化程度越来越高。

二、信息化战争的基本要求

（一）树立信息化战争条件下的新国防理念

机械化战争的制胜理念是消耗敌人、摧毁敌人，大量歼灭敌人的有生力量，实现攻城略地的目的。而信息化战争的制胜理念是控制敌人、瘫痪敌人，通过击破敌人的作战体系，达到“不战而屈人之兵”的目的。国防建设是军队打赢信息化战争的重要基础，因此我们在考虑国防建设和经济建设时，从宏观规划到人力、物力和财力的动员，从经济基础建设到国防工程、交通信息、防汛和医疗卫生等建设都必须结合打赢信息化战争的要求而通盘考虑、规划和建设。未来必须加强信息化战场研究，树立打赢信息化战争相适应的观念，为国防现代化提供有效的建设理论和指导方法。强化信息制胜意识，用源于实践高于实践的先进理论指导实践，用创新的观念谋求国防和军队的建设发展，才能使国防建设适应军队的信息化建设。

（二）加强信息化的基础建设

国家的信息基础建设是军队信息化建设的基石，是打赢未来信息化战争的重要支撑。因此，必须把加强国家的信息基础建设作为应对信息化战争的首要举措，大力加强国家信息技术基础研究。当前我国信息基础设施建设虽然在交通、金融和通信等主要行业的信息化水平已经接近发达国家，在数字地球领域，我国也和发达国家处在同一起跑线上，但与发达国家相比，在许多方面仍存在差距。因此，必须大力加强我国的信息基础建设，努力提升我国的国家战略能力。完善的国防信息基础设施是国防信息化的基础，如果没有快速、准确和高效的国防信息基础设施，就不可能真正实现国防和军队的信息化。

（三）培养国防信息化人才

人才是强国兴军之本，决定未来信息化战争胜负的是高素质的国防和军队信息化人才。信息化人才队伍建设刻不容缓，随着信息技术的飞速发展和在社会各领域的广泛运用，信息科技人才的紧缺已经成为一个世界性问题。因此必须加大力度，努力培养新型国防信息化人才，为我军打赢信息化战争提供强大的智力支撑。为此，我们必须把国防信息化人才队伍的培养工作作为国防信息化建设的根本大计，树立超前意识，构建我军新型的国防信息化人才培养体系，抓紧培养复合型人才，尽快缩小与发达国家军队在人员素质上的“知识差”，以适应国防信息化建设和未来信息化战争的需要。

三、信息化战争与中国国防军队建设

我军在加强军队机械化建设的同时，必须趁国家加快经济和社会信息化发展之势，走超常规发展道路，跨越式加快国防和军队信息化建设。推进国防和我军信息化建设的进程，必须解决好 3 个问题：一是要树立信息主导的思想，确立信息化在军队建设中的主导地位，全面推进国防和军队的信息化建设。二是“系统集成观”，要用大系统的观念来筹划军队建设。三是“虚拟实践观”，虚拟现实技术的发展，为人们“虚拟实践”提供了可能。国防和军队的信息化建设是一个十分复杂的系统工程。我军信息化建设要抓住 3 个重点：一是要大力发展信息化武器装备，我军一方面要致力于发展信息化武器装备，另一方面要在信息化弹药、信息化作战平台、专用信息作战武器三个方面取得突破性进展，这样才能缩小与发达国家的时代差。二是要大力推进数字化部队建设，在建设思路上要突出我军的特色，走出一条投入少、周期短、效益好的发展道路。三是要大力加强数字化战场建设，数字化部队和数字化战场是信息化战争的两大支柱，有了数字化战场，数字化部队才有可靠依托。应当将导航定位、天基立体测绘和时间基准、地球中心坐标系统相统一，建设成能够覆盖整体作战空间的多维信息获取系统，形成平战结合、诸军一体的战场信息系统，不断推进我军的国防和信息化建设。

“历久远而不衰，临绝地而再造，逢机遇而勃发”，这不仅是中华民族的伟大精神。也是中国军队的突出特征。在信息时代的军事斗争中，更需要这种伟大精神。中华民族特有的精神将再一次证明，不管是任何时期和任何方式的军事斗争，中华民族将永远立于不败之地，人民武装力量将永远立于不败之地。

第四节　高技术与信息化时代下的几次典型战争

20 世纪 90 年代以来，世界爆发了多次较大规模的战争，其中世界军事头号强国美国大都参与其中。美国参与的几次较大规模战争，无论是从作战手段，还是从作战的方法，都体现出高科技特点。海湾战争、科索沃战争、阿富汗战争、伊拉克战争等几次战争的结果都表明军事高技术成为影响战争胜利与否的关键因素。

一、海湾战争

（一）战争概述

海湾战争是指1991年1月16日至1991年2月28日以美国为首的34个国家组成的多国部队和伊拉克之间发生的一场局部战争。第一次世界大战前，科威特是隶属于奥斯曼土耳其帝国的伊拉克的一个自治省份。第一次世界大战期间，英国占领科威特并促使其独立，但是伊拉克始终没有承认科威特的独立。20世纪80年代的两伊战争期间，伊拉克积欠部分阿拉伯国家巨额债务，其中欠科威特的债务为140亿美元。伊拉克希望石油输出国组织减少石油产量，提高石油价格，这样它就可以偿还这笔债务。然而科威特却提高了其石油产量，造成了油价下降，希望以此来迫使伊拉克解决伊、科边境争端。此外，伊拉克指责科威特借两伊战争的机会在伊拉克境内建立了军事基地。伊拉克声明，它作为其他阿拉伯国家与伊朗之间的缓冲地带在两伊战争中为所有阿拉伯国家作出了贡献，因此，科威特和沙特阿拉伯应该免除伊拉克的战争贷款。它还在思想观念上入侵科威特，宣传阿拉伯民族主义并证明其合法性。

1990年8月2日，伊拉克军队入侵科威特，推翻科威特政府并宣布吞并科威特。以美国为首的多国部队在取得联合国授权后，于1991年1月16日开始对科威特和伊拉克境内的伊拉克军队发动军事进攻，主要战斗包括历时42天的空袭及在伊拉克、科威特和沙特阿拉伯边境地带展开的历时100小时的陆战。多国部队以较小的代价取得了决定性胜利，重创了伊拉克军队。伊拉克最终接受联合国660号决议，并且从科威特撤军。本次战争是美军自越南战争后主导的第一场大规模局部战争。在战争中，美军首次将大量高科技武器投入实战，展示了压倒性的制空、制电磁优势。通过海湾战争，美国进一步加强了与波斯湾地区国家的军事、政治合作，强化了美军在该地区的军事存在，同时为2003年伊拉克战争埋下了伏笔。

（二）高技术在海湾战争中的运用

多国部队和伊拉克交战双方的武器不仅数量大、种类多，而且还拥有许多新式的高技术武器。多国部队配备了各式各样的新式武器和装备，如美国AGM-130空对地导弹、集束炸弹和空爆炸弹；英国的多重火箭发射系统，一次可将600多颗炸弹送入敌后32公里的范围，可夷平相当于12个足球场的面积；飞机、坦克及作战人员普遍配备夜视仪等。伊拉克多年来总共花费了500亿美元来购置美、英、法、德、前苏联、意大利等国家的武器，其中不乏武器中的佼佼者，如米格-29 飞机、T-72 坦克等。伊拉克不仅购置外国的武器，还利用西方的技术研制并生产自己的武器，如先进的二元化学武器、有“小原子弹”之称的油气炸弹、射程达 80 公里的远程火炮等。因此，海湾战场成了西方武器与东方（前苏联）武器间的较量，也成为西方国家军事技术与前苏联军事技术间的较量。

多国部队的飞机能全天候全天时作战，多数配备夜视装置，有的能做夜间超低空飞行，高度约 30 米，不易被雷达发现。配备激光制导的炸弹能准确命中目标，误差仅为 1 米。作战飞机的武器威力大，其空空导弹射程较远，近攻时误差为 0～2 米，远攻时误差为 10～30 米。机载电子设备的电子对抗能力较强，作战时往往还有干扰飞机配合，并由空中装有指挥控制系统的预警飞机指挥。这种预警飞机装有最先进的雷达系统和高速计算机，可同时跟踪数百架飞机，能在全天候条件下对陆上、远距离和高低空的敌机进行识别和跟踪，对数十架飞机进行引导及控制以保证及时有效地截击敌机。为了摧毁地面雷达，飞机上还专门配备了新式的反雷达导弹。在这次对伊的空袭中，多国部队还使用了新式的隐身飞机，这种飞机不易被雷达发现。多国部队还调来了专门用以对付伊军坦克的直升机。配备了夜视仪的直升机可在夜间用激光制导的导弹袭击伊军坦克背后装甲的薄弱部位。多国部队的空中优势还表现在大量使用性能良好的巡航导弹，这种导弹能贴地几十米飞行，命中误差约 2 米左右。其常规弹头能散发出一束子炸弹，足以炸毁公路及机场。多国部队在轰炸巴格达时，打先锋的就是一批“战斧”巡航导弹。各类军事卫星所提供的照相侦察、电子侦察、通信、导航、监视、预警及气象预报等先进手段，有效地支援了多国部队的作战行动和后勤供应。特别值得一提的是这些军事卫星已成为多国部队高效能的指挥、控制、通信及情报系统的重要环节，使多国部队夺取制空权的计划得以顺利实施。

二、科索沃战争

（一）战争概述

科索沃战争是由科索沃危机引发的，而科索沃危机则根源于南斯拉夫社会主义联邦共和国的解体。南斯拉夫社会主义联邦共和国解体后，科索沃宣布独立。由黑山和塞尔维亚组成的南联盟共和国反对科索沃独立，致使双方矛盾加剧。在以美国为首的北约的干预下，对南联盟实施了军事打击，结果以南联盟的战败而告终。

科索沃位于南联盟塞尔维亚共和国西南部，面积 10 887 平方千米，与阿尔巴尼亚、马其顿相邻，人口200余万，其中90%以上是阿尔巴尼亚族。在南斯拉夫联邦时期，科索沃是塞尔维亚共和国的自治省，但这个地区始终存在着要求更高程度民族自治的潮流。1980年铁托去世后，以独立为目标的科索沃民族主义运动逐步兴起，并得到阿尔巴尼亚的支持。在这一背景下，阿族与塞族的矛盾日益尖锐，冲突时有发生。1989年2月27日，当时担任塞尔维亚共产党领导人的米洛舍维奇为了压制阿族的民族主义运动，宣布取消科索沃的自治省地位，由此更激发了阿族的对抗情绪，阿族与塞族的冲突愈演愈烈，塞尔维亚当局对阿族的镇压也随之升级。

1996年，阿族激进分子成立武装组织“科索沃解放军”，开始了运用暴力手段的分离运动。面对阿族人的反抗，以米洛舍维奇为首的南联盟和塞尔维亚当局采取强硬镇压措施，派遣大批塞族军队和警察部队进驻科索沃，试图消灭“科索沃解放军”。这样，在波黑战火逐渐熄灭的同时，科索沃的战火却愈燃愈旺，约30万人流离失所，沦为难民。科索沃危机的发展使美国等西方国家感到不安，它们不能容许南联盟的行为干扰冷战后世界新格局的构建，同时它们也图谋借这一危机排除东南欧地区最后一个被西方体系视为异己的米洛舍维奇政权。因此，从1998年底起，以美国为首的北约开始介入科索沃危机，北约与南联盟的矛盾逐渐成为主要矛盾。在北约空袭的巨大压力下，经俄罗斯、芬兰等国的调停，南联盟最终软化立场。1999年6月2日，米洛舍维奇接受了由俄罗斯特使切尔诺梅尔金、芬兰总统阿赫蒂萨里、美国副国务卿塔尔博特共同制订的和平协议。根据这个协议，科索沃未来自治地位的确切性质将由联合国安理会决定，难民返回家园的安排也将在联合国难民事务高级专员的监督下实施。1999年6月3日，南联盟塞尔维亚共和国议会通过了上述协议的决议。1999年6月10日，北约正式宣布暂停对南联盟的空袭。同一天，联合国安理会通过了关于政治解决科索沃问题的决议。历时两个半月的科索沃战争至此落下帷幕。

（二）高技术在科索沃战争中的运用

科索沃战争是军事史上第一次仅以空中力量打赢的战争。北约采取了巡航导弹与飞机相结合、高空突防与防区外攻击相结合的空袭形式，对南联盟进行了长达78天的狂轰滥炸，共发射巡航导弹329枚，投入各种飞机1055架，出动35219架次，投掷各种弹药23614枚，迫使南联盟接受了北约炮制的“协议”。高技术空袭武器在此发挥了重要作用。美军首次同时使用的B-2A、B-1B和F-117三种隐身飞机，是对南联盟进行精确轰炸的主力，特别是B-2A隐身轰炸机，虽然仅出动了6架、飞行49架次、投掷650枚“联合直接攻击弹药”（JDAM），但它摧毁的目标数却占总数的10%以上，而且大多摧毁的是其他武器系统难于实施有效打击的战略目标或高价值目标。具有常规威慑和远程精确打击能力的巡航导弹再次扮演了首攻的角色。非隐身战斗机在北约对南联盟的空袭作战中也充分发挥作用。科索沃战争再次证明，现代空袭兵器具备的远程投送、精确制导、隐蔽突防能力和巨大的杀伤力足以摧毁一个国家特别是弱小国家重要的政治、经济、军事目标，动摇其国家意志，破坏其战争潜力，可以基本甚至完全实现既定战略目标。在空袭平台方面，F-22和JSF等第四代战斗机具有隐身和高机动性双优品质，无人作战飞机将被动隐身技术推进到极限，高超声速飞机和跨大气层飞行器凭借速度优势实现高效突防和快速反应。在精确制导武器方面，战术型“战斧”巡航导弹具有快速反应和对付机动目标的能力。防区外发射的导弹射程更远、精度更高、突防能力更强。可以预计，随着空袭武器的发展，空中威胁将更为突出，对未来的反空袭作战将提出更加严峻的挑战。科索沃战争中，北约共投掷弹药23614枚，其中35%为精确制导武器，再次证明精确制导武器已经成为现代战争的重要武器装备。

三、阿富汗战争

（一）战争概述

阿富汗战争是以美国为首的联军在2001年10月7日起对基地组织和塔利班发动的一场战争，该战争是美国对“9·11事件”的报复，同时也标志着反恐战争的开始。与阿富汗作战的国家主要有美国、英国、德国、波兰、捷克以及斯洛伐克等北约国家，吉尔吉斯斯坦、日本、韩国、菲律宾等国为美军提供了后勤支援并在战后派遣军队驻扎阿富汗（驻阿韩军在2007年发生韩国人质被绑架事件后撤离阿富汗）。联军官方指出这场战争的目的是逮捕本·拉登等基地组织成员并惩罚塔利班对恐怖分子的支援。2012年5月2日对阿富汗进行突击访问的美国总统奥巴马表示，阿富汗战争即将结束。

（二）高技术在阿富汗战争中的运用

美军在阿富汗战争中反复强调“时间和精确一样重要”，它建立了从探测装备（传感器）到火力系统的信息直接链接，首次实施实时精确打击。从获取信息到实施打击，过去在海湾战争中需要三天，在科索沃战争中需要2小时，而在阿富汗战争中仅需要19分钟以下（最小为12分钟）。从获取信息到实施打击的时间之所以能这么紧凑，是因为在科索沃战争后，美军通过从传感器到射手直接链接的一系列信息化措施，建立了扭转贻误战机局面的、能使信息优势向战术行动迅速转化的军事高技术基础，并在指挥方面实施了必要的改革。阿富汗战争初始阶段，美军多次将塔利班和基地组织领导人锁定在瞄准具之中，但因指挥贻误而使之逃之夭夭。针对这种情况，美军在阿富汗战争中迅速改革，使其指挥控制信息系统进一步扁平化，实施了信息优势向战术行动的转化，大大缩短了从获取信息到实施打击的反应时间。更值得注意的是，战后美军宣称，在未来战争中，美军将具备对重要目标的实时精确打击能力。

阿富汗战争的另一个新特点是美军在阿富汗战争中部署了装备有“海尔法”导弹的“捕杀者”无人机，该无人机除侦察监视外，还是首次使用的侦察打击一体化的无人空中平台。布什指出，这种无人机能够在敌军上空盘旋、收集情报、迅速向指挥官传递情报，然后以极高的精度打击目标。美国军事专家认为，到目前为止，没有比无人作战飞机更富有意义的未来军事技术了，这项技术将给美国带来无穷收益。无人机价廉物美，可实施中、远程精确打击，其经济性能远超巡航导弹，且具有巡航导弹所不具备的实时评估毁伤的能力。阿富汗战争中，美军还首次部署了长15厘米、重200克、装有微型摄像机的无人机，可用于巷战。美军进行的无人潜艇试验，也被称为“将频繁使用的海中无人侦察机”，同时可远程操纵空中武装无人侦察机，它成为无人攻击系统的“前线司令部”，还可指挥潜艇贴近敌领地实施攻击。因此，布什说，我们正在进入一个新时代，各种空间、空中、地面和海上的无人平台将具有越来越重要的作用。这表明，美军的作战方式正在朝无人化方向发生革命性的变化。

从阿富汗战争看，空中力量正在成为美军的决定性作战力量，而地面部队则逐渐成为辅助力量。依据“空地一体”作战理论的美军纲领性文件FM100-5《作战纲要》一再难产的事实说明，美军已实际放弃主张“陆军是战略决定性力量”的“空地一体”作战理论。这次阿富汗战争中空袭的新特点是以战略轰炸机和舰载机作为其空袭骨干。美军B-A隐身战略轰炸机是从美国本土空军基地起飞的，而B-IB和B-52是从5 000公里外印度洋上的基地起飞的。另外，截至2002年1月的统计，舰载机的攻击架次占总攻击架次的70%。美军舍近求远和依靠舰载机实施攻击，可能是因为阿富汗周边没有合适的空军基地，但更有可能是为了实战检验其“全球投送”、“全球攻击”的理念，演练其“全球交战”的能力。针对高技术侦察手段的结构性缺陷，美军在阿富汗战争中采取高强度的高技术侦察手段和地面特工相结合的方式进行全方位侦察。美军派遣地面特种部队深入阿富汗腹地，携带全球定位跟踪装置、激光指示器、卫星通信设施和便携式电脑等装备引导对目标实施空中打击。地面特种部队在主要的交通要道和秘密地点设置无人传感器，通过收集的震动、声响和红外信息，及时掌握阿部队调动和转移情况。有了特种部队的帮助，使美军的空中打击更精确。

最后，值得注意的是美军在阿富汗战争中首次实施“空间控制”，即控制商业卫星，买断阿富汗战区空间成像图片，禁止出售卫星图像，如同美国2002年的“施里弗”天战演习预案中的那样付诸实战。显而易见，我国依赖于外国卫星的GPS定位技术和其他军事高技术在战时都将列入其“空间控制”的范畴从而失效，因此我们必须下决心走自力更生的自主产权道路。

四、伊拉克战争

（一）战争概述

伊拉克战争，又称美伊战争，是指以美英军队为主的联合部队在2003年3月20日对伊拉克发动的军事行动。美国以伊拉克藏有大规模杀伤性武器并暗中支持恐怖分子为由，绕开联合国安理会，单方面对伊拉克实施军事打击。到2010年8月美国战斗部队撤出伊拉克为止，历时7年多，美方最终没有找到所谓的大规模杀伤性武器，反而找到萨达姆政权反人类罪行的物证和人证。2011年12月18日，美军全部撤出伊拉克。

伊拉克战争支持者认为萨达姆犯下了太多大规模屠杀本国人民的反人类罪行，以美国为首的多国部队本着人道主义发动了解放伊拉克的战争；反对者则认为这是一场美国为争夺石油资源而发动的战争，而所谓大规模杀伤性武器的情报是编造的。事实上伊拉克早在两伊战争中就大量使用化学武器，而在此期间美国政府在完全知道这一点的情况下仍然持续支持伊拉克，甚至为伊拉克研发生化武器提供便利。战争爆发前萨达姆政府反复声明伊拉克没有大规模杀伤性武器，声称联合国销毁了所有的相关武器。战争结束后美国经过彻底搜查未发现萨达姆拥有大规模杀伤性武器的任何证据。

（二）高技术在伊拉克战争中的运用

在伊拉克战争中，我们可以看到，战场已经成为了美国展示高科技武器的博览会。美国的航空母舰、高性能战斗机、信息情报系统、精确制导炸弹，等等，几乎任何武器都是高科技的集成。以美国的无人驾驶飞机为例，可以管窥到高科技所达到的程度以及在战争中产生的威力。美国在战斗中使用了两种型号的无人驾驶飞机，一种是“全球鹰”，另一种是“银狐”。据《科技日报》报道，“全球鹰”长10米、翼展宽17米，一次任务可以80节的速度巡航24小时，配备有一个合成孔径雷达，还可安装一个摄像头，主要任务是战场观察，将实时战场信息传输到移动指挥中心。“银狐”机长2米、翼展宽2.4米、飞行高度为150米至300米，重量仅为10公斤，一个士兵就可以携带它，主要任务则是入侵敌方通信系统，注入欺骗性信息或者毁坏信息。因此，科技与战争是密不可分的。在伊拉克战争中，高科技的应用也昭示了新的作战模式的雏形，即军队通过快速的信息收集，经计算机的快速处理，使打击更加精确有效，军队也可根据战争情况进行迅速调整和转移。这种以数字化信息技术为核心的战争模式，使信息资源在整个作战范围内实现最佳配置。美国的C4ISR系统，体现了21世纪新的作战模式。正是依靠这一系统，美国能够通过卫星接收由无人驾驶飞机、间谍卫星等向指挥部发送的实时战场态势图像和情报，通过计算机的分析，再通过全球定位系统定位，由飞机和导弹进行精确打击。

第五章　近代以来与中国有关的部分战事

中国近代史始于1840年鸦片战争，止于1949年南京国民党政权覆亡、中华人民共和国成立，历经清王朝晚期、中华民国临时政府时期、北洋军阀时期和国民政府时期，这既是中国半殖民地半封建社会由形成到瓦解的历史，也是一部战争史。本章将着重讲述自第一次鸦片战争开始，到20世纪80年代的典型战事，重温这部中华民族打倒帝国主义以实现民族解放、打倒封建主义以实现人民富强的斗争史。

第一节　清政府时期的部分战事

1840年至1912年的几十年间，资本主义列强先后对中国发动过5次较大规模的侵略战争，即鸦片战争、第二次鸦片战争、中法战争、甲午中日战争、八国联军侵华战争。通过这些战争，列强迫使清政府签订了一系列不平等条约，严重地损害了中国的领土完整和国家主权，使中国从一个独立的主权国家逐渐变成了半殖民地国家。

一、第一次鸦片战争

第一次鸦片战争（1840年6月—1842年8月，清朝道光二十年至二十二年）是英国为强行推销鸦片而向中国发动的一场战争，以中国战败而告终。中英签署的《南京条约》是近代中国的第一个不平等条约，香港岛也在这次战争中被割让给英国。

英国自18世纪中叶工业革命以来，迅速成长为世界头号资本主义强国。“闭关锁国”后的中国逐步落后于世界大潮，但是在外贸中，中国一直处于贸易顺差地位。中英之间的贸易顺差让英国大为不满，为了改变这种不利的贸易局面，英国资产阶级通过外交途径强力交涉，希望通过扩大对中国的工业产品出口扭转颓势，但尚处自给自足的农业社会的中国对工业产品需求甚微。在正常贸易手段无法打开中国市场的情况下，英政府开始向中国大量走私鸦片，此举迅速改变了中英在对外贸易中的地位。清政府战败，主观上清政府腐败无能，经济停滞，削弱了战争赖以取胜的经济基础，再加上整个统治集团内部享乐苟安使清军战斗力十分低下；客观上英军兵器占有优势，战略战术运用得当，能集中大部分兵力至沿海城市，占领经济命脉之地，战斗中常以正面攻击与侧翼包抄相结合，使英军以较少的兵力和较小的代价战胜了中国。战争以中国战败并赔款割地告终。

鸦片战争标志着中国近代史的开端，也使中国进入了半殖民地半封建的历史社会。鸦片战争的失败和一系列不平等条约的签订，使得中国社会性质发生了根本性的变化：政治上，清政府开始一步步成为列强统治中国的工具，中国的领土、领海、司法、关税和贸易主权开始遭到严重破坏，中国逐渐由一个独立自主的国家沦为半殖民地半封建国家；经济上，列强通过向中国倾销产品和对中国丝、茶等农副产品进行收购，逐渐把中国卷入世界市场，原本占主导地位的自给自足的自然经济受到强烈冲击，中国日益成为世界资本主义市场的一部分，这在客观上促进了中国商品经济的发展，有利于中国民族资本主义的兴起；思想文化上，鸦片战争后有一部分知识分子开始抛弃陈腐观念，注目世界，探求新知，寻求强国御侮之道，萌发了一股向西方学习的新思潮，对封建思想起到了一定的冲击作用。

二、第二次鸦片战争

第二次鸦片战争，是英、法在俄、美支持下联合发动的侵华战争。英国与法国趁中国太平天国运动之际，以亚罗号事件及西林教案事件为借口，联手进攻清朝政府，所以这次战争被英国人称为“亚罗号战争”，又称“英法联军之役”或“第二次中英战争”。这场战争被看做是第一次鸦片战争的延续，所以也称“第二次鸦片战争”。战争中沙俄出兵后以“调停有功”自居，并胁迫清政府割让150多万平方公里的领土至今，从而成为最大的赢家。第二次鸦片战争迫使清政府先后签订了《天津条约》、《北京条约》以及中俄《瑷珲条约》等条约，列强侵略更加深入。

1856年10月到1860年11月历时四年多的第二次鸦片战争，中国人民和爱国官兵英勇抗敌，给予侵略者沉重的打击。但是，由于清政府的腐败无能，战争以中国失败而告终。战争中，英法联军所到之处，烧杀抢掠，无恶不作，使中华民族再次蒙受深重灾难。第二次鸦片战争对中国影响巨大，政治上，中国社会半殖民地半封建化的程度进一步加深，清朝统治者投靠外国侵略者，开始成为他们的附庸与工具，中外反动势力公开勾结，共同镇压中国人民的反抗；经济上，外国侵略势力扩张到中国沿海各省，并伸向中国内地，方便了列强倾销商品、掠夺廉价原材料和劳动力，使中国受到资本主义经济的侵略性冲击；文化上，第二次鸦片战争，英法联军占领京城，火烧圆明园，对中国文化和心理都造成了沉重打击，地主阶级分化，部分清朝统治者痛定思痛，决定“师夷长技以制夷”，从而开始了“洋务运动”，迎来了回光返照的同治中兴；领土上，不仅将九龙半岛割让英国，更将150万平方公里的领土割让给沙俄，丧失了大片领土，奠定了后来中华民国的版图基础。

三、收复新疆的战争

清军收复新疆之战发生在清光绪二年（1876年）至三年（1877年），清军消灭了入侵新疆的浩罕汗国将领阿古柏，收复新疆大部分地区，维护了祖国领土完整。

1865年，在英国支持下（英国向阿古柏提供军火武器），中亚浩罕国（今乌兹别克斯坦境内）陆军司令阿古柏率兵侵入中国新疆南部，后自立为“汗”，建立“哲德莎尔”伪政权（七城之国），继而侵占天山南北的广大地区，实行殖民统治。1871年，沙皇俄国乘机出兵占领新疆伊犁地区，使新疆陷入被英俄两国肢解侵吞的险境。在陕甘总督左宗棠等人的积极推动下，清政府决心派军队收复新疆，于1875年任命左宗棠为钦差大臣，督办新疆军务并最终取得了战争的胜利。首先，左宗棠根据西北战场具体情况，提出“缓进急战”、“先北后南”的总方针，把粮饷的采运、保障和武器弹药的供应放在战略位置加以考虑，战争准备十分充分，体现了因地制宜、打有准备之仗的原则。事实证明，这一方针完全符合新疆战场实际。其次，清军的作战指挥灵活机动，左宗棠坐镇肃州，掌握全盘情况，将前线指挥权赋予刘锦棠。刘锦棠和前敌诸将积极协同，善于抓住有利战机，机断行事，从而在整个收复新疆之战中势如破竹。最后，从根本上说，这是一场正义之战，清军得到了新疆各族人民的拥护和大力支援。许多群众冒死给清军提供线索，大大促成了战争的胜利。

清军收复新疆战争的胜利，彻底打破了英俄两国企图利用阿古柏侵略势力肢解并侵占中国西北广大领土的美梦。迫于阿古柏侵略势力在短期内被逐灭殆尽和左宗棠西征大军积极准备进军伊犁的态势，沙俄不得不与清政府就伊犁问题举行谈判，最后于1881年签订《中俄伊犁条约》，中国收回伊犁地区和特克斯河上游两岸的领土，整个新疆除沙俄侵占的伊犁地区外，全部回归祖国的怀抱。

四、中法战争

中法战争又称清法战争，是1883年12月至1885年4月（光绪九年十一月至十一年二月），由于法国侵略越南并进而侵略中国而引起的一次战争。第一阶段战场在越南北部，第二阶段扩大到中国东南沿海。战争过程中，法国海陆两军虽于多数战役中占上风，但均无法取得战略性大胜，法国远东舰队虽于海战赢得全胜，并一度攻占基隆，却因沪尾（今台北县淡水镇）一役受挫及疫病流行，无法达成攻占台湾全岛的战略目的；而清军虽于初期陆海皆遭惨败，但后期台湾及杭州湾防卫成功，且有冯子材统率各部于镇南关给法国陆军带来较重伤亡，导致法国费里政权垮台。以此为契机，两国重启和谈，订定《中法新约》，清方承认法国对法属印度支那诸殖民地的宗主权，两国重开贸易。受此战影响，清廷于台湾设省，以刘铭传为巡抚大力推展现代化防务及新政，并积极筹建北洋水师。

法国发动侵华战争后，各方面围绕和战问题的外交活动和秘密谈判几乎没有停止过。镇南关大捷本使中国在军事上、外交上都处于有利地位，但清政府在整个中法战争期间担心“兵连祸结”会激起“民变”、“兵变”，因此始终或明或暗地向法国侵略者进行求和活动。李鸿章等人主张“乘胜即收”，把镇南关大捷当做妥协的绝好机会，建议清政府立即与法国缔约。中国在这次反侵略战争中，本有机会能取得最后胜利，但由于清朝统治者的懦弱、妥协，胜利的成果被葬送，使中国不败而败，法国不胜而胜。清政府又被迫与法国签订了《中法越南边界通商章程》、《中法界务条约》、《中法续议商务条约》等一系列不平等条约，法国又得到很多权益。中国西南门户由此打开，法国侵略势力以印度支那为基地，长驱直入云南、广西和广州湾（今湛江市），使之一度成为法国的势力范围。

五、中日甲午战争

中日甲午战争为19世纪末日本侵略中国和朝鲜的战争，日本称日清战争，其他国家称第一次中日战争，清代笔记中称中东战争。它以1894年（清光绪二十年，日本明治二十七年）7月25日丰岛海战的爆发为开端，至1895年4月17日《马关条约》签字结束。按中国干支纪年，1894年为甲午年，故称甲午战争。这场战争以中国战败、北洋水师全军覆没告终，中国清朝政府迫于日本军事压力，签订了丧权辱国的不平等条约——《马关条约》。甲午战争的结果给中华民族带来空前的民族危机，大大加深了中国社会半殖民地化程度；另一方面则使日本国力更为强大，得以跻身帝国主义列强之列。

中日甲午战争主要分为以下 3 个阶段：1894 年 7 月 25 日至 9 月 17 日是第一阶段，战争在朝鲜半岛及黄海北部进行，平壤之战清军战败，黄海之战中国失去了黄海的制海权。1894 年 9 月 17 日到 11 月 22 日是第二阶段，战争在辽东半岛进行，鸭绿江江防之战和金旅之战清军皆败，日本制造旅顺大屠杀，4 天之内连续屠杀中国居民，死难者最高估计 2 万余人。威海卫之战是中日甲午战争的第三阶段，兵力悬殊，主将倒戈，威海卫海军基地陷落，北洋舰队全军覆没。

甲午战争失败标志着历时三十余年的洋务运动的失败，既得的近代化成果化为乌有，使近代以来中国人民民族复兴的追求破灭。割地赔款，主权沦丧，列强对华大规模输出资本，掀起瓜分狂潮，标志着列强侵华进入一个新阶段，大大加深了中国半殖民地化程度，中国国际地位急剧下降。《马关条约》签订 6 天后，俄罗斯帝国因日本占领辽东半岛，阻碍了它向中国东北扩张势力，便联合法、德两国进行干涉。日本被迫于同年 5 月 4 日宣布放弃辽东半岛，但要中国以白银 3 000 万两将其“赎回”。

六、八国联军侵华战争

八国联军侵华战争是指 1900 年（清光绪二十六年）在慈禧太后宣战下，英、法、德、美、日、俄、意、奥（奥匈帝国）等国派遣的联合远征军，为镇压中国北方义和团运动而进入中国所引发的战争。八国联军的行动造成义和团运动的覆灭及京津一带清军的溃败，迫使慈禧太后挟光绪帝逃往陕西西安，清朝最终被迫与包含派兵八国在内的 11 国签订《辛丑条约》，付出庞大的赔款，并丧失多项主权。华北大乱之际，东南各省督抚自行宣布中立，从此清中央政府权威低落，汉族权臣抬头。战争也引起了列强在华势力的变化，一定程度上导致了日俄两国为争夺中国东北及朝鲜利益而引发的日俄战争。

1900 年 4 月，义和团运动刚在北京近郊发展起来，俄国公使就提出镇压。美、英、法、德各国公使也奉本国政府密令，联合照会清朝政府“剿除义和团”，开始联军进犯。八国联军占领北京后，派兵四处攻城略地，扩大征伐，德、俄、法军滥施滥杀，烧杀掳掠，无恶不作。政治上的腐败，经济上的落后，军事上技术和装备的落后，使掌握战争领导权的清朝统治者战和不定，而军事指挥失当导致中国最终战败。

八国联军侵华战争以清政府与11个国家签订《辛丑条约》结束。经济上清政府赔款白银4亿5千万两，分39年付清，巨额赔款使中国社会经济更加凋敝，人民生活更加贫困，中国因而彻底掉入半殖民地半封建社会的深渊；政治方面，丧失多项国家主权，从此，清政府完全沦为了帝国主义统治中国的工具。

七、东北军民抗击沙俄入侵之战

东北军民抗击沙俄入侵之战是指清光绪二十六年，中国东北军民抗击沙俄入侵黑龙江、吉林、盛京（今辽宁）三地区的战争。1900年夏，最野蛮地镇压义和团运动的沙皇俄国，为推行其罪恶的"黄俄罗斯"计划，趁清廷京畿危急之际，又单独出兵侵入我国黑龙江、吉林、盛京（今辽宁）三省。侵略者铁蹄所至，烧杀掳掠，罪行累累。为抗击沙俄侵略军的疯狂入侵，东北军民和义和团进行了英勇顽强的战斗，表现了中国人民不屈不挠的反抗精神。

东北三省幅员辽阔，物产丰富，沙俄对我国东北地区的侵略扩张由来已久。在侵略我国东北地区时，沙皇政府采取双管齐下的侵华政策。当时，京、津战事吃紧，清廷无力顾及东北，三省虽有驻军9万余人，但军政要员之间和与战意见不同，无法进行统一部署和指挥。清军不敌，俄军占领东三省，之后俄军大肆进行烧杀抢掠，激起各地人民反抗，纷纷组织抗俄义勇军。1902年3月，俄、清签订《中俄收交东三省条约》，俄国趁机攫取许多特权，"黄俄罗斯"计划终成泡影。

然而，1903年4月沙俄第二期撤兵时却违约不撤，反于1903年4月18日照会清廷外务部，另提所谓"七项撤军新条件"（其中有"列强势力不得进入满洲"、"俄国参与北满行政管理"等变相独霸中国东北的条款），并重新占领沈阳，俄国沙皇又任命阿列克塞耶夫为远东总督，妄图霸占东三省进行统治。在接到沙俄所谓的"七项撤军新条件"的第二天，清廷外务部官员将俄国"七项撤军新条件"透露给了日本驻华外交官。日本在英、美等国支持下，与俄进行交涉，要求俄军撤退。俄拒不撤军，激起了中国人民的拒俄事件，俄日矛盾日益加剧，终致1904年2月日俄战争爆发。

八、抗击英军入侵西藏的战争

1903 年夏，英国趁日、俄两国为宰割我国东北地区而进行激烈争夺之机，以要求“谈判”为借口，派兵侵入我国西藏地区。侵略军大肆烧杀淫掠，激起了西藏爱国军民和广大僧侣的强烈反抗，他们凭险设卡，伏击敌人，给侵略者以沉重打击，粉碎了英帝国主义妄图分割我国西藏地区的图谋。

西藏地处我国西南边陲，战略地位十分重要。英国企图占领西藏，把中国的中部和南部地区都置于它的控制之下。1903 年 6 月，英国“谈判使节”荣赫鹏以两名间谍被西藏地方政府扣押要求通商划界“谈判”为名，率兵二百及随从数百人，再次进犯西藏。由于清政府和多数驻藏大臣腐败无能，不重视边防建设，防务废弛，且完全没有利用西藏有利的自然条件，致使英军不费一枪一弹即占领了春丕一带的边寨要地。之后英军追至古鲁，进迫江孜，占领了江孜街。江孜失陷后，西藏地方政府中的妥协势力向西藏军民发出了停止抵抗的命令。8 月 3 日，英军侵入拉萨，西藏地方政府在英军的威胁下，与英国侵略者在布达拉宫签订了丧权辱国的《拉萨条约》。由于文案何光燮的劝阻，西藏地方政府代表才没有在条约上签字。1906 年 4 月，中英双方于北京重新签订了《中英续订藏印条约》。虽然英国取得了原《拉萨条约》中规定的许多特权，但新约中规定“英国国家应允不占并藏境及不干涉西藏一切政治”，承认西藏是中国不可分割的一部分，从而使英国变西藏为殖民地的阴谋未能得逞。

这次战争在高寒山地进行，尽管中国在地形气候、兵力动员、物资补给等方面具有十分有利的条件，但最后仍以失败告终。究其原因，除清廷政治腐败外，在军事上也有许多值得重视的教训。清政府对外妥协，实行不抵抗政策，使西藏地方政府和军队陷入孤立无援的境地；清政府不重视边防建设，西藏防务废弛，很多隘口、险路既未修筑工事，也未派兵防守，以致西藏地区部队少，训练差，武器装备非常落后；清政府不懂得因地制宜，趋利避害，以己之长，击敌之短，最后战败，损失惨重。

九、日俄战争

日俄战争是指日本与沙皇俄国为了侵占中国东北和朝鲜，在中国东北的土地上进行的一场帝国主义战争。战争以沙俄战败而告终。1904 年 2 月 6 日，日本正式与俄国断交，2 月 8 日，夜间不宣而战，从此爆发了日俄两国统治集团长期准备的帝国主义掠夺战争。

1904 年 2 月 12 日，清政府无耻宣布“局外中立”，划辽河以东地区为日俄两军“交战区”，并严令地方军政长官对人民群众“加意严防”、“切实弹压”。日俄战争的陆上战场是清朝本土的东北地区，而清朝政府却被逼宣布中立，甚至为这场战争专门划出了一块交战区。日、俄、中（清）三方在这场战争中都蒙受了严重损失，并对之后各国的发展道路产生了一定的影响。旅顺是俄国在远东攫取的唯一的不冻港，是俄太平洋分舰队的主要基地，整个日俄战争期间，始终贯穿着双方对这一战略要地的争夺，其实质是争夺对战争全局具有决定意义的制海权。日军在强攻旅顺的同时，也正与俄国进行辽阳会战，此役，日军损失约 2.4 万人。旅顺陷落和俄国太平洋舰队主力被歼，使日本获得完全的制海权（至少在俄国黑海舰队到达之前）。此战中，俄军在兵力和火炮方面均占优势，但最后俄军惨败。奉天会战后，沙皇政府仍不甘心失败，继续向远东增兵，同时寄希望于从欧洲海域东调的太平洋第 2 分舰队。

日俄战争期间，中国东北是双方陆上交锋的战场，当地人民蒙受极大的灾难，生命财产遭到空前的浩劫。旅顺的工厂、房屋均被炸毁，就连寺庙也未能幸免，耕牛被抢走，粮食被抢光，几十万人流离失所，日、俄两国都强拉中国老百姓为他们运送弹药，服劳役，许多人冤死在两国侵略者的炮火之下，更有成批的中国平民被日俄双方当做“间谍”，惨遭杀害。这场战争不仅是对中国领土和主权的粗暴践踏，而且使中国东北人民在战争中遭受了巨大的经济损失和人员伤亡。

此外，这场战争极大地刺激了中国知识分子的神经，他们从中看出专制国（俄国）永远无法战胜立宪国（日本）的道理，这促进了中国的立宪民权运动，客观上加速了清王朝的灭亡。

第二节　国民政府时期的部分战事

民国政府时期是从清朝灭亡至中华人民共和国成立的这一段中国历史上大动荡、大转变的时期，也是半殖民地半封建社会的终结阶段。这个阶段中国的思想界经历了从“学器物”到“仿制度”、从“走俄国的路”再到“走自己的路”的曲折历程。这个阶段中国经历了从旧民主主义革命到新民主主义革命的转变。中国人民不断进行反对外国侵略和本国封建统治的革命，最终新民主主义革命取得成功。

一、反对沙俄侵略蒙古的战争

辛亥革命爆发前后，正当中国人民为推翻清王朝封建统治而斗争之际，沙俄帝国主义乘机策动被它收买的外蒙古某些反动王公和活佛搞外蒙“独立”，煽动内蒙古和黑龙江某些蒙古族反动王公叛国投俄。外蒙傀儡政府依恃沙俄的支持，决心武力进犯内蒙古，意图迫使政府军和各地王公屈服，进而侵占我国整个蒙古地区。

1912 年 1 月 15 日，叛乱武装在俄军暗助下，进入呼伦（今内蒙古海拉尔市）城内，占领官署，逼迫政府官员交出行政权和撤走当地驻军。北京政府害怕中俄冲突进一步扩大，遂命胪滨等地的驻军撤走。沙俄的侵略罪行，激起了全国人民的愤怒谴责。1915 年 11 月 6 日，在沙俄的胁迫下，北京政府与沙俄签订了《中俄关于呼伦贝尔之协定》，实际上使沙俄对呼伦贝尔地区的控制合法化。1913 年 9 月至 1915 年 11 月，叛军集中主力，围困林西，猛攻多伦。北京政府也不断增调援军，力图摆脱被动局面。内蒙古各地的政府军改变了被动不利的态势，由防御转入了进攻。1913 年底，外蒙古叛军陆续向库伦败退，沙俄妄图控制整个蒙古地区的图谋遭到了破灭。根据《中俄声明》，于 1914 年 9 月 8 日在恰克图举行了中俄蒙谈判。经过九个多月的谈判，于 1915 年 6 月签订了《中俄蒙协约》（亦称《恰克图协约》），北京政府承认沙俄在外蒙古取得的各种特权，事实上就承认了沙俄对外蒙古的殖民统治。在《中俄蒙协约》签订后，沙俄侵吞内蒙古的野心仍然不死，不断指使外蒙叛军进行武装骚扰。北京政府遂令多伦、林西一带驻军进行围剿。外蒙古“自治”政府的王公大臣于 1919 年 11 月联合上书民国政府，“情愿取消自治”，宣布与沙俄所订的条约、协定“概无效力”。1920 年 1 月，呼伦贝尔废除与沙俄政府订立的“协定”与各种“合同”，沙俄妄图侵占我国蒙古地区的阴谋终以失败而告终。

反对沙俄侵略蒙古的战争，不仅对于保卫中国领土主权的完整具有极为重要的意义，而且在政治、军事上也提供了一些经验教训：对帝国主义的侵略必须进行针锋相对的斗争；要十分注意加强边疆地区的建设；因地制宜地编组部队；讲求战法。

二、反对英国分割西藏的战争

在沙俄侵略我国蒙古的同时，英国加紧了对我国西藏的侵略。它唆使西藏亲英分子制造叛乱，驱逐驻藏川军，并支持由亲英分子所控制的藏军向川边地区进犯，妄图制造西藏“独立”。当时的中国政府（以下称北京政府）在西藏爱国僧侣和民众的要求以及全国舆论的压力下，令川、滇两省出兵反击，打退了对川边地区进犯的藏军，最终粉碎了英国妄图分割我国西藏的图谋。

1903年，英国派兵入侵西藏，遭到当地爱国军民的无情打击，之后英国便加紧采取在西藏统治集团内部寻找代理人的政策。1905年，英国以所谓会见英国王子的名义，用武力劫持班禅九世去印度，优礼款待，百般笼络，企图以班禅取代达赖，充当英国傀儡，结果遭到班禅的拒绝。此后，英国把注意力转向拉拢拉萨地方当局。由于赵尔丰实行的“改土归流”政策危及他们的统治，加之受西藏亲英分子的指使，川边地区的藏族上层分子于1912年5月也发动了叛乱，两月之内，川边地区的不少州县先后落入当地和西藏的叛乱武装之手，于是川滇两省出兵平乱。1912年初秋，川滇两军按既定计划分路开进，击退藏军向川边的首次进攻，后英国胁迫北京政府停止向西藏进军，袁世凯的北京政府正急欲获得各帝国主义国家的“承认”，遂屈从于英国的威胁，从而丧失了进军西藏的良机。后来川军攻占乡城，稳定川边局势，最终使英国分割西藏的阴谋破产。

随着我国反帝反封建民主革命运动的日益高涨，藏族地区的形势也发生了新的变化。1919年10月，北京政府派出的代表团抵达拉萨，受到西藏各阶层人民的热烈欢迎和隆重接待，摆脱了亲英分子羁绊的达赖，不断加强了与中央的联系，使英国妄图分割西藏的图谋终于彻底破产。但现在重新思考，正是由于国内不稳的政局和屈膝媚外的政策，才助长了英帝国主义和西藏亲英分子的嚣张气焰；不注意从政治上争取藏军中的爱国力量更是这次战争的一大失策，搞好后勤支援，对在西藏高原作战具有特殊意义。只有正确处理民族关系，才能有效地反对帝国主义的侵略。

三、日本占领山东

1914年8月，第一次世界大战在欧洲爆发，以往靠帝国主义之间纵横捭阖和秘密协定所保持的远东均势被打破，日本成为亚洲唯一强大的力量，得以不受或少受牵制地侵华。

随着第一次世界大战的爆发，侵略中国的列强分成了两大阵营相互厮杀。当时德国在胶州湾租借地青岛驻有军队。8月23日，日本向德国宣战，封锁胶州湾，并以进攻青岛的名义出兵山东。日军从距离青岛很远的山东北部龙口以两万多人登陆，进兵黄县、掖县、平度、莱阳、即墨等地，把沿途的城镇全部占领，征发物资，役使人民。日军在 11 月 7 日打败德国在青岛的驻军，占领青岛。在此以前，日军已经占领胶济线上的潍县等处，并沿铁路西进，一直打到济南，并于 10 月 6 日占领济南火车站。日本之意不仅在攫取德国在山东的一切特权，而且要控制整个山东。

这样，从我国东北日本租界地旅顺、大连出发的日军，很快在山东龙口登陆，侵占掖县、潍县之后，又沿着胶济铁路，占领了临淄，最终在 1914 年 10 月占领了历城。与此同时，青岛成为日军猛烈进攻的主要目标，对德国而言，青岛是其在中国的唯一据点，因此这里也成为第一次世界大战期间唯一的亚洲战场。

驻青岛德军的投降，标志着德国帝国主义在中国势力范围的终结。然而，另一个列强日本却以胜利者的姿态掠夺了德国在山东这片土地上的所有特权，其侵略本性相比前者有过之而无不及。在 20 世纪 30 年代，在这张由日本军国主义炮制的所谓的大东亚共荣圈图上，整个山东半岛和后来沦陷的东北，一起被其堂而皇之地纳入了它的势力范围。

四、九一八事变

九一八事变（又称奉天事变、柳条湖事件）是日本帝国主义长期以来推行对华侵略扩张政策的必然结果，也是日本企图把中国变为其独占的殖民地而采取的重要步骤。

1931 年 9 月 18 日夜，盘踞在中国东北的日本关东军按照精心策划的阴谋，由铁道“守备队”炸毁沈阳柳条湖附近日本修筑的南满铁路路轨，并栽赃嫁祸于中国军队，日军以此为借口，炮轰沈阳北大营，制造了震惊中外的九一八事变。次日，日军侵占沈阳，后又陆续侵占东北三省。1932 年 2 月，东北全境沦陷。此后，日本在中国东北建立了伪满洲国傀儡政权，开始了对东北人民长达 14 年之久的奴役和殖民统治，使东北 3 000 多万同胞饱受亡国奴的痛苦。

九一八事变是由日本蓄意制造并发动的侵华战争，是日本帝国主义侵华的开端。九一八事变也是世界反法西斯战争的起点，它揭开了第二次世界大战东方战场的序幕。东北人民和未撤走的东北军部队组织起抗日义勇军，抵抗日军的侵略。中国国民党马占山部与中国共产党杨靖宇等人组织的东北游击队，开展了抗日游击战争。中国人民的局部抗战开始了。

五、一·二八淞沪抗战

日本对中国东北的侵占激起了中国人民的强烈愤慨，在中国共产党的号召和领导下，全国掀起了抗日救亡运动的高潮，同时也引起国际上的强烈关注。为转移国际对中国东北的视线，减轻其推出“满洲国”的压力，日本直接威胁南京，迫使中国政府承认东北的既成事实并要求取消人民的反日运动，为其进攻中国内地做准备。日本还在上海制造事端，燃起了新的侵略战火。

1932 年 1 月 18 日，日本唆使五名日本僧人向上海马玉山路中国三友实业社总厂的工人义勇军投石挑衅，与工人发生互殴。日本随即以此为借口，指使日侨青年同志会一伙暴徒焚烧三友实业社，寻衅滋事，日本总领事村井苍松向上海市长提出道歉、惩凶、赔偿、解散抗日团体四项无理要求。1 月 28 日，上海市政府为息事宁人，对日本的无理要求一一应允。日方一方面表示“满意”，另一方面却又进一步以保护侨民为由，要求中国军队必须撤出闸北，不待答复日本海军陆战队便于 23 时 30 分向闸北中国驻军阵地发起猛烈进攻。日本帝国主义蓄意制造的一·二八事变，在日军不宣而战的情况下爆发了。

驻守于淞沪地区的十九路军随之奋起抵抗。但是，十九路军和第五军孤军作战，伤亡惨重，而国民政府不但拒不派兵增援，军政部还克扣军饷和截留捐款，中国军队腹背受敌。1932 年 5 月 5 日，中国政府当局与日本签订了屈辱的《淞沪停战协定》，中国丧失了驻兵权等一系列主权，完全葬送了十九路军英勇抗战的成果，军事上也给全面战争爆发后第二次淞沪抗战带来了不利影响。

十九路军的英勇抗战有重要的意义。它是在东北沦丧、国民政府实行不抵抗政策与全国人民迫切要求抵抗的矛盾形势下进行的，这极大激发了全国广大人民包括国民党内爱国官兵与海外华人、华侨的抗日热情，取得了全国人民、中国共产党和广大海外华人华侨的大力支持，捐款捐物无数。这也充分体现了只有坚决抗日，才是大势所趋，才是民心、军心所向。

六、长城抗战

长城抗战是中国抗日军民在长城沿线抗击日本侵略者的斗争，是中国人民早期抗日斗争的重要组成部分。1933 年（中华民国二十二年）3 月至 5 月，中国国民政府指挥下的国民革命军（东北军、西北军、中央军等）在长城的义院口、冷口、喜峰口、古北口等地，与侵华日军进行作战。

1933 年 3 月，日军向长城各口大举进犯，中国驻军顽强抵抗，形成尖锐激烈的阵地争夺战。商震部黄光华师在冷口与日军浴血搏杀，使阵地失而复得。1933 年 4 月初，日军再次扑向长城各口，冷口失守，腹背受敌的喜峰口守军被迫撤退。热河抗战失败后，华北国军已经无力再战，南京政府被迫与日本“交涉”，于 5 月 31 日签订了丧权辱国的《塘沽协定》，不仅丧失东四省，也向日本打开了华北的门户。

长城抗战给骄横的日本侵略军以沉重打击，但是由于国民党政府坚持“攘外必先安内”的政策，长城守军得不到有力的支援，奋战两个多月，被迫撤离长城各口。日军进占长城各口后，南进密云、怀柔等地，之后渡滦河西进，突破中国军队第五十七军何柱国、第六十七军王以哲等部阵地，先后占领河北丰润、遵化、玉田、平谷、蓟县、三河等县，直逼北平、天津。长城抗战最后以签订卖国的《塘沽协定》告终。长城抗战说明了中国爱国官兵为民族解放而表现出来的抗战热情和抵御能力是不可忽视的。长城抗战得到了全国人民的热烈支援，纷纷捐款、捐物，并组织各种团体上前线慰问。

长城抗战是九一八事变后中国军队在华北进行的第一次较大规模的抗击日本侵略者的战役。在这次战役中，广大爱国官兵进行了近三个月的战斗，给骄横一时的日军以沉重的打击，自己也做出了重大的牺牲。

七、察哈尔抗战

察哈尔抗日同盟军是在中国共产党的推动、帮助下，由冯玉祥、吉鸿昌、方振武等爱国将领于 1933 年在华北北部察哈尔组织的一支抗日部队，察哈尔抗战是中国爱国将领冲破政府当局错误的对日妥协政策而进行的一次抗日壮举。

长城事变结束后，日军开始越过长城，向华北渗透。1933 年 5 月 26 日，冯玉祥在张家口正式成立以冯玉祥原部和共产党支持者为主组成的察哈尔民众抗日同盟军，将日本军队全部逐出察哈尔，成为九一八事变以来首支从日军手中收复失地的中国军队。6 月 22 日至 7 月 1 日，同盟军向日本侵略军展开积极进攻，相继收复康保、沽源、宝昌，又乘胜发起收复多伦的战斗。7 月 7 日 23 时，同盟军由吉鸿昌指挥分路向多伦发动进攻，经 5 天激战，收复多伦，被侵占的中国国土失而复得，重创了日本侵略者的嚣张气焰。

哈尔民众抗日同盟军兵力十分雄厚，但是由于得不到国民政府承认，既无弹药、粮草，也无后援，仅靠察哈尔一省之地供养，十分困难。冯玉祥鉴于同盟军经费将尽，又无外援，枪弹粮食均无法补充，内部不稳，不得不和国民政府接洽，宣布同盟军归顺中央，他个人辞去同盟军司令，解散同盟军司令部，各部任由去留。最后，同盟军大部被宋哲元第二十九军收编，只有方振武、吉鸿昌和中共掌握的部队不愿放弃抗战，继续进行斗争，但由于力量严重削弱，在日伪、蒋军的包围和夹击下，不得不宣告失败。

八、华北事变

华北事变，是指继九一八事变东北沦陷之后，1935 年日本侵略军蚕食侵犯华北地区的一系列事件的统称。华北事变是日本侵略中国、称霸世界的一个重要步骤，虽一时得逞，但遭到中国人民的坚决反对。华北事变后，中日民族矛盾上升为中国社会的主要矛盾。

1935 年 5 月初，在天津日租界发生了亲日分子《国权报》社长胡某和《振报》社长白某被暗杀的“河北事件”。日本华北驻屯军参谋长酒井隆等密谋挑起事端，声称此案“系中国排外之举动，若中国政府不加以注意改善，则日方将采取自卫行动”，以此为借口向国民政府提出无理要求，并调兵遣将，让驻津日军连日在河北省政府（当时天津是河北省会）门前武装示威，并举行巷战演习。6 月，国民党军委会华北分会代理委员长何应钦与日本华北驻屯军司令官梅津美治郎谈判，达成了所谓的《何梅协定》。按协议规定，中国军队从河北撤退，取消河北省内的国民党党部，禁止河北省内的一切反日活动。《何梅协定》的签订，使日本帝国主义实际取得了对华北的控制权。

日军在华北所制造的一系列侵略事件，使华北的局势处于危急关头，中国的政治形势发生了重大变化。首先，华北事变使中日民族矛盾上升到主导地位。其次，华北事变使中国抗日救亡运动进一步高涨。再次，华北事变改变了国共两党的关系，为国共两党第二次合作的实现提供了可能。事变发生后，中国共产党发表了“八一宣言”，号召停止内战，一致抗日。在瓦窑堡会议上确定了建立抗日民族统一战线的方针，并于 1936 年 9 月发出《关于逼蒋抗日问题的指示》，正式将“反蒋抗日”的总方针改为“逼蒋抗日”，斗争矛头指向帝国主义。复次，华北事变促使国民党统治集团内部急剧分化，在对日政策上发生分歧，形成以蒋介石为首的亲美英派和以汪精卫为首的亲日派。最后，华北事变加深了美英与日本的矛盾。

九、绥远抗战

绥远抗战又称为百灵庙战役，是1936年在国民政府蒋介石的推动支持下，中国绥远地方当局傅作义部与日本支持的德王等蒙古分裂分子之间发生的一场局部战争。战争以中国晋绥军、中央军全胜而告终。这次胜利有力地推动了中国全国抗日高潮的到来。

绥远抗战从1936年11月15日开始，到12月19日结束。整个抗战又分为红格尔图战斗、百灵庙战斗和锡拉木楞庙战斗，其中尤以百灵庙战斗影响最大，因而人们通常把绥远抗战称为“百灵庙战役”或“百灵庙大捷”。傅作义于红格尔图初战告捷的当晚，乘敌一时难以再犯之机，先发制人，立即发起百灵庙战役，至1936年11月24日上午9时30分，晋绥军收复了百灵庙。12月3日，伪军向百灵庙反攻。9日，晋绥军进占锡拉木楞庙。此时，伪蒙军呈土崩瓦解之势，伪旅长安华亭率领2个团、伪团长王子修率1个团于1936年12月18日宣布反正。1936年12月19日，伪军吕存义、闻安、王反正等率部投诚，王英带着残兵逃回张北，被日军全部缴械。至此，“大汉义军”彻底覆灭。

绥远抗战不仅沉重打击了日、伪军的嚣张气焰，粉碎了日本帝国主义侵吞绥远的阴谋，还激发了全中国人民空前的抗战热忱。绥远抗战增强了国民党地方实力派的抗战信心，诱发了“西安事变”。

十、淞沪会战

淞沪会战是1937年8月13日起中国军队抗击侵华日军进攻上海的战役，又称“八一三淞沪战役”。这场战役是中国抗日战争中的第一场重要战役，也是抗日战争中规模最大、战斗最惨烈的战役，前后共历时3个月，日军投入9个师团和2个旅团30万余人，宣布死伤4万余人；中国军队投入75个师和9个旅75万余人，自己统计死伤30万人。至1937年11月12日上海沦陷，淞沪会战结束，国军浴血苦战，争取了时间，保证了上海等地的大批厂矿机器及战略物资转移到西南后方，为坚持长期抗战起到了重要的作用。

1937年，日本侵略军制造“七七”事变，侵占平津后，企图侵占上海，进攻南京。8月13日，日本海军陆战队在坦克掩护下沿宝山路进攻，被中国守军击退。蒋介石下达全国总动员令，决定以主力集中于华东扫荡淞沪敌海军基地，阻止后续敌军登陆。8 月 17 日，中国军队再次向虹口、杨树浦方面之敌进行反击。8 月 19 日，中国军队又一次发起攻势，突入巷内与敌展开白刃格斗，不料被日军以坦克阻塞路口，遭到火力袭击，全部壮烈牺牲。在此期间，中国军队亦与日本航空队展开激战，并积极攻击进犯的日本陆军和舰艇，击落日机 47 架，炸沉日巡洋舰 1 艘，中国空军队员阎海文、沈崇诲等壮烈牺牲。9 月上旬，由于日军不断增兵，战争逐步升级，中国军队也陆续增援，不断调整部署。尽管日军在武器装备上占有很大优势，但至 11 月初不但未能获得决定性胜利，还付出了重大代价。日本统帅部急于在上海方面取得预期战果，决心采取新的措施。中国军队猝不及防，阵地相继失守，战局急转直下。蒋介石被迫于 11 月 8 日下令全线撤退，日军于 11 月 9 日占淞江，11 月 12 日占上海。至此，战役结束。

日军在上海与国军浴血缠斗三个月，才勉强攻下国军的阵地，这使得世界各国对于中国的抗日实力与决心刮目相看。而日军久战未胜，使日本的民心、士气出现了动摇。日本几乎确定无法在短期内结束与中国的战争，那么日本就将面临其战略上最大的致命弱点，即日本缺乏战争与民生的资源。日本根本经不起长期的消耗，一旦它无法在中国战场上达成速战速决，那么最后的溃败，也就成为日本无法避免的命运了。当时国民政府发表自上海撤退的声明，就可以说是对于这场会战的过程与意义做出的最好的历史见证与结论。蒋介石与全体军民的共同结论是，虽然上海作战失败了，但是中国决心以更广大之规模，从事更持久之战斗。

十一、台儿庄大捷

日本侵略军于 1937 年 12 月 13 日和 27 日相继占领南京、济南后，为了迅速实现灭亡中国的侵略计划，连贯南北战场，决定以南京、济南为基地，从南北两端沿津浦铁路夹击徐州。台儿庄地处苏鲁交界，战略位置十分重要，历史上为兵家必争之地，也是日军夹击徐州的首争之地。

1938 年 3 月 20 日，日军矶谷师团借攻克滕县之威，在飞机的掩护下，集中 4 万人，配以坦克、大炮，向台儿庄发动了猛烈的进攻，企图一举攻占徐州。李宗仁以第 2 集团军总司令孙连仲率部固守台儿庄，第 20 军团军团长汤恩伯参谋长封裔忠率部让开津浦铁路正面，转入兰陵及其西北云谷山区，诱敌深入，待机破敌，台儿庄地区战斗正式打响。1938 年 3 月 27 日，得到增援后的日军对台儿庄城发动第 3 次攻击。1938 年 4 月 3 日，李宗仁下达总攻击令。第 20 军团汤恩伯部之第 52 军、第 85 军、第 75 军在台儿庄附近向敌展开猛烈攻势。4 月 6 日，李宗仁赶到台儿庄附近，亲自指挥部队进行全线反击，激战 4 天，国军重创日军濑谷支队、坂本支队，其余日军残部于 7 日向峄城、枣庄撤退。至此，台儿庄战役中国军队取得最终胜利。

台儿庄战役的结局，是日军战役进攻中的一次败退，这在日军发动侵华战争以来尚属首次。对日军来说，这不仅是在兵力数量上的损失，更重要的是精神上的挫败。“大日本皇军不可战胜”的神话破灭了，这在政治上增强了中国军民抗战必胜的信心，鼓舞了抗日军队的士气，用胜利的事实证明了“亡国论”是没有根据的。台儿庄战役的胜利，改变了国际上对中日战争前途的看法，提高了中国在国际上的地位，并为争取外援增添了有利条件。

十二、平型关大捷

平型关大捷是指在抗战中八路军 115 师于 1937 年 9 月 25 日在平型关附近伏击日军第 5 师团 21 旅团辎重队，击毙日军 1 000 余人的战斗。1937 年，国民政府组织太原会战，八路军 115 师利用平型关的有利地形，于 9 月 25 日伏击日军，取得平型关大捷。这次抗战摧毁了日军直取太原的军事计划，支援了国民党军队正在准备的忻口会战，鼓舞了全国人民取得抗战胜利的信心。115 师一部歼敌先头，阻其沿公路南窜之路；一部分割包围日军后尾部队，断其退路；一部冲过公路迅速抢占老爷庙及其以北高地；一部阻断先期占领东跑池的日军回援；一部阻断日军第五师团派出的增援部队。经过激烈战斗，全歼被围日军，大获全胜。这是中日开战以来中方取得的第一次完胜。这次胜利打破了日本军队不可战胜的神话，振奋了全国人心，加强了全国人民抗战必胜的信念。同时通过此次战斗，八路军进一步明确了开展“独立自主的山地游击战”才是唯一正确的战略方针。

此战八路军 115 师共击毙日军 1 000 余人，击毁汽车 100 余辆、马车 200 余辆，缴获步枪 1 000 余支、机枪 20 余挺、火炮 1 门，以及大批军用物资，取得了全国抗战以来中国军队的第一个大胜利。平型关大捷在日军长驱直入、国民党军队节节后退的形势下，有力打击了日军的疯狂气焰，使全国人民看到了中华民族的希望所在，从而极大地振奋了全国的民心、士气。消息传开，全国各界莫不欢欣鼓舞，纷纷发来贺信贺电，大大提高了共产党和八路军的威望。同时，在整个战略上为忻口作战赢得了准备时间，有效地钳制了日军第 5 师的行动，并且从侧翼支援了平汉路的作战。

十三、百团大战

百团大战是中国抗日战争时期，中国共产党领导的八路军与日军在中国华北地区晋察冀边区发生的一次规模最大、持续时间最长的战役。八路军的晋察冀军区、第129师、第120师在总部统一指挥下，在河北、山西发动了以破袭正太铁路（石家庄至太原）为重点的战役。战役发起第3天，八路军参战部队已达105个团，故中方称此为“百团大战”。

这次战役经历了两个主动进攻阶段和一个反“扫荡”阶段。第一阶段战役以最早在1940年8月20日晚8点开始的华北交通要道破袭战为序幕，作战初期八路军兵力部署异常隐蔽，至9月下旬为止，日本占领了娘子关的部分地区。在第二阶段，八路军把战斗对象转移到铁路交通线两侧的日本守军与被抗日根据地包围的日军据点，目的是巩固并扩大战果，战争也进入相持阶段。第三阶段，日本军队开始将各地的机动兵力集结于华北地区，对抗日根据地进行报复性“扫荡”，八路军则分兵以运动战和游击战、麻雀战（骚扰游击战术）进行反击，反击日伪军的报复“扫荡”。截至1941年1月24日，八路军击退日军“扫荡”，百团大战正式宣告结束。

3个半月中，我敌后军民共进行大小战斗1 800多次，总计毙伤日军二万多人、伪军五千多人，俘日军280多人、伪军1.8万多人，破坏铁路九百多里、公路三千里，破坏桥梁、车站258处，并缴获了大批武器和军用物资。从歼敌（日军）数字看，八路军独自发起的百团大战不亚于1939年蒋介石部署全国十个战区71个师发起的对日冬季攻势的战果，如果加入歼灭伪军数字，八路军的战果还高于国军全军在冬季攻势的歼敌数字，由此大大提高了八路军的政治地位。百团大战打出了敌后抗日军民的声威，振奋了全国人民争取抗战胜利的信心，在战略上有力地支持了国民党正面战场。

十四、中条山战役

中条山战役，又称晋南战役（日方称之为“中原会战”），是中国抗日战争进入相持阶段后，正面战场国民党军队在山西范围内的唯一一场大规模对日作战。1941年5月7日，中条山外围日军在航空兵的支持下，由东、北、西三个方向开始全面进攻。中条山战役前后历时一个多月，中国军队被俘虏3.5万人，遗弃尸体

4.2 万具，日军仅战死 673 人，负伤 2 292 人。蒋介石称此役为“抗战史上最大之耻辱”。

抗日战争进入战略相持阶段后，战争双方的战线保持了相对的稳定，日本政策的重点逐渐向保守占领地转变。1941 年 5 月 7 日，自感“稳操胜券”的日军，于傍晚时分突然一齐出动，由东、西、北三面“以钳形并配以中央突破之方式”进犯中条山地区。东线，日军在伪军的配合下，沿道清路西段分三路向济源、孟县进犯。西线，日军自闻喜、夏县东南向张店镇进犯。北线，日军以中央突破之闪电战术，由横岭关方面向横垣大道西侧猛攻。东北线，日军从阳城方面向董封镇一线攻击。战役第一阶段，日军发起进攻，国民党军拼死抵抗，多次击退日军进攻。战役第二阶段，日军突破了中条山地区的全部防御阵地，完成了对国民党军队的内外侧双重包围，随即对数路中国守军各阵地反复“扫荡”。国民革命军中条山守军大部退出中条山地区，中条山战役落下了帷幕。

中条山战役中国战败原因是日军全力决战，而中国军队对双方实力缺乏清醒的估计。战前日军准备充分，中国军队则仓促应战。此外，日军贯彻作战决心坚决，指挥得当，配合有力，而中国军队进退失据，指挥混乱，部队互不协调。

十五、中国远征军缅北、滇西反攻作战

缅北、滇西战役是抗日战争的大型战役之一，发生于民国三十二年（1943 年）10 月至民国三十四年（1945 年）3 月，是中国驻印军和中国远征军在美、英盟军的协同下，在缅甸北部和云南省西部对日军缅甸方面军发动的一次战役。盟军以伤亡 6.7 万人的代价打死打伤日军 2.5 万人，打通了中印公路。

1943 年 10 月 14 日，驻印军攻取新平洋，进入缅北，1943 年 12 月攻占于邦，1944 年 3 月上旬又攻占孟关和瓦鲁班，日军退守杰布山隘，凭险顽抗。4 月末，新编第 22 师在新编第 38 师一部配合下向日军攻击，经月余苦战，于 6 月 19 日将上述各地全部攻克。远征军第 20 集团军经月余激战，攻克马面关、北斋公房、江苴街等日军据点，迫近腾冲外围。1944 年 5 月 22 日，中国远征军以第 20 集团军为右集团攻击腾冲，第 11 集团军对日军发动全面进攻。远征军第 20 集团军于 9 月 14 日攻克腾冲，日军全部被歼，残余日军向景东方向溃退。至此，战役结束。

十六、豫湘桂战役

豫湘桂会战是日本陆军于1944年4月至12月期间于中国河南、湖南和广西三地进行的大规模攻势。日军将此攻势分为两个阶段：进攻河南中部的“Koto作战”、长衡的“Togo一号作战”和针对桂林与柳州的“Togo二号”、“Togo三号作战”。主要战略目标为开通由东北经华中、华南前往印度支那、泰缅的路线，以及占领其东南方的机场，防止美国陆军航空队自该地起飞攻击日军海上交通线和轰炸日本本土。为了本次攻势，日军投入了41万兵力、800辆战车和将近7万匹马，于2 400公里的战线发动攻击，这也是有史以来日军动员规模最大的一次攻势作战。最后，日军成功占领美国航空队基地，并造成中国人力与物质上极大的损失。但同时也因为兵力不足而无法扩张战果，日后于中国战场长期维持守势。

1943年，为摧毁美国在中国内地的空军基地，阻止美军对日本本土的轰炸，日本决定发动豫湘桂战役，企图打通平汉、粤汉、湘桂铁路，掌握一条陆上交通线，这是中日战争以来规模最大的一次进攻战。从1944年4月开始一直持续到年底，在短短的8个月中，国民党军队在豫湘桂战场上损兵50多万，丧失146座大小城市、6 000万人口的20多万平方公里的国土，失去空军基地7座、飞机场36座。日军在付出重大代价之后，虽然打通了大陆交通线，但始终没能全线通车。纵贯中国南北几千余里的大规模豫湘桂战役，是日本军国主义临死前回光返照式的最后挣扎。日本在太平洋战场也接连失败，海上交通线被切断，南洋日军面临被切割的困境。为此，日本困兽犹斗，制定了从中国战场寻求突破，企图固守大陆以坚持长期战争的计划。因此，表面看来是日本积极的进攻作战，本质上却是出于防御目的。豫湘桂战役的大溃退是抗战以来国民党正面战场的第二次大溃退，国民政府军事委员会由于战略指导失误，战役指挥失当，加之国民党政府长期执行避战、观战政策，致使豫、湘、桂大片国土被占，空军基地、场站被毁。使部队大部分丧失抵抗信心和战斗力。其军事上的溃败，也是其政治上腐败的表现。日军尽管达成作战企图，却无力保障大陆交通线畅通，也未能阻挡美机空袭日本本土的作战计划。同时，日军由于分散了兵力，也为国民党军队反攻提供了条件。

第三节　中华人民共和国成立以来的部分战事

中华人民共和国成立至今60多年，基本处于和平建设环境，但也经历了数场较短时期的局部战争或军事冲突。从根本上讲，这几场战争都是其他国家带给中国的灾难，是对中国安全环境的严重挑战。根据形势变化，中国及时调整军事战略，以积极防御为指针，取得了每场局部战争或作战的胜利，捍卫了国家利益。

一、抗法援越战争

1950年初，越南抗法战争期间，越南共产党中央和越南民主共和国主席胡志明请求中国提供援助。中国共产党和国家领导人对此十分重视，考虑到中国的国家安全和国际义务，加上苏联的影响，毛泽东、刘少奇、周恩来都明确表示，要满足越方全部要求。于是，中国向越南大量提供武器装备和军需物资援助，并在中国境内帮助越南训练人民军主力部队，开办学校，培养干部。

1950年4月，胡志明又要求中国派出军事顾问团，全面帮助越南军队建设和协助组织指挥越南人民军作战。7月，中国人民解放军西南军区副司令员陈赓以中共中央代表的身份，带领工作组赴越，8月11日，到达越南边界前线指挥所，与早两天到达的由兵团政治委员韦国清率领的中国军事顾问团会合，协助指挥越南人民军进行了边界战役。边界战役从9月16日打响，到11月初宣告胜利。这是越南人民军首次大规模的运动战，也是一次大规模的进攻战和歼灭战，战果辉煌，共计歼敌8个整营，毙俘敌8 000余人，缴获大批武器弹药，收复了5个市、13个县镇，拥有35万人口、长达750公里的边界地区获得解放，法军在中越边界地区苦心经营的防御体系彻底崩溃。在越南人民军举行的营以上干部总结会议上，胡志明评价说："边界战役是越南抗战史上一次最大的胜利，是无产阶级国际主义的胜利。"

此后，中国军事顾问团又协助指挥越南人民军取得了中游、东北、宁平、西北等战役的胜利。1953年11月，越共中央和军委决定发起奠边府战役，要求中国支援。中国军事顾问团协助越南人民军进行组织指挥，中国还提供了作战所需的全部武器弹药和其他军事物资。战役自1954年3月13日开始，到5月7日结束，全歼法国守军1.62万人。奠边府战役的胜利，宣告了法国侵越战争的彻底失败。

二、抗美援朝战争

朝鲜战争，又称韩战、韩朝战争，是朝鲜民主主义人民共和国与大韩民国在朝鲜半岛上的一场战争，而分别支持南北双方的多个国家不同程度地卷入了这场战争。这场战争是第二次世界大战之后冷战中的一场“热战”。由于参战双方签署的是停战协议而非和平协议，从技术上来讲，这场战争尚未结束。

1950 年 6 月 25 日，朝鲜战争爆发，美国出兵干涉。26 日，美国总统杜鲁门命令美国驻远东的海军、空军参战，支援韩军。中国主张和平解决朝鲜问题，对于美国武装干涉朝鲜内政和侵占中国领土台湾表示极大义愤，为保卫中国东北的安全，中央军事委员会（简称中央军委）根据毛泽东的提议，于 7 月 13 日作出《关于保卫东北边防的决定》，组成东北边防军，后又调第 9、第 19 兵团作为二线部队，分别集结于靠近津浦、陇海两铁路线的机动地区。

10 月 25 日，中国人民志愿军发起抗美援朝战争第一次战役，给“联合国军”以突然性打击，将其从鸭绿江边驱逐到清川江以南，挫败了“联合国军”企图在感恩节前占领全朝鲜的计划，初步稳定了朝鲜战局。第二次战役是中国人民志愿军在朝鲜人民军配合下，将以美国为首的“联合国军”及其指挥的韩国国军诱至预定战场后，对其突然发起反击的战役。这是扭转朝鲜战局的一次战役。“联合国军”兵败于西部战线的清川江两岸和东部战线的长津湖畔，被迫弃平壤、元山，分陆路、海路退至“三八线”以南。第三次战役为打破美国政府“先停火，后谈判”、争取喘息时间卷土重来的阴谋，中国人民自愿军和朝鲜人民军突破“三八线”，对以美国为首的“联合国军”及其指挥的韩国国军进行的进攻战役。中国人民志愿军和朝鲜人民军发起全线进攻，将以美国为首的“联合国军”及其指挥的韩国国军从“三八线”击退至北纬 37°线附近地区，占领汉城（现韩国首都首尔），并适时停止了战役追击。第四次战役是中国人民志愿军和朝鲜人民军为争取时间掩护后续兵团到达进行反击准备，在“三八线”南北地区进行的防御战役。第五次战役是中国人民志愿军和朝鲜人民军为挫败以美国为首的“联合国军”侧后登陆配合正面进攻的企图，在“三八线”南北地区进行的大规模反击战。

抗美援朝战争的胜利，既沉重地打击了美帝国主义的侵略政策和战争政策，也保卫了我国的安全，巩固了我国人民民主专政的政权。在三年战争中，中朝人民军队共歼灭敌人 109 万余人，击落击伤敌机 1.2 万多架，击毁击伤敌人坦克 2 690 多辆，击毁击伤敌人其他各种武器以及缴获各种作战物资无数。抗美援朝极大地提高了我国的国际威望，鼓舞了世界被压迫人民争取独立和解放的信心和勇气，对国际局势产生了深远的影响。

三、中印自卫反击战

中印边界自卫反击战，是中国边防部队针对印度军队在边境上的多次挑衅和入侵行为而进行的一次反击作战，作战时间从1962年10月持续到11月。这次反击作战，是在号称“世界屋脊”的喀喇昆仑山上和喜马拉雅山脉南侧地区进行的。该地区地势险峻，气候恶劣，人烟稀少，交通不便。这种恶劣的自然条件和地理环境，对作战行动有严重的影响，作战的艰苦性是罕见的。

中国边防部队第一阶段自卫反击作战取得了重大胜利，军事斗争处于十分有利的态势。但是中国政府本着和平解决边界争端的一贯立场，为了中印两国人民的根本利益，缓和由印度当局造成的严重局势，于1962年10月24日发表声明，提出和平解决中印边界问题的三项建议。印度政府在第一阶段作战中虽遭惨败，但仍不认输，悍然拒绝了我国政府的三项建议，公然要求恢复到1962年9月28日以前即印军侵占中国大片领土后的边境状态，并攻击中国的和平建议是“一种骗局”。印度政府进一步掀起反华浪潮，加紧战争动员和准备，于11月14日和16日又向我军发动猛烈进攻。鉴于此，要缓和边境紧张局势，创造用谈判解决边界问题的条件，还必须再给印军以沉重打击，因此中共中央和中央军委决定再次反击入侵印军。

中印边境自卫反击作战是在特定的历史条件下发生的，它不同于国内进行的民族解放战争和人民解放战争，也不同于抗美援朝战争。这场战争，中国边防部队的后勤补给基本来源于内地，路线长、道路少，运输手段落后，难度大，这对战役规模和持续时间有极大制约。而印度军队后勤补给基地距战场较近，交通方便，利于持久作战。这些特点，决定了中国必须在客观条件的限度之内，能动地争取战争的胜利。在这方面，中共中央、中央军委和毛泽东主席高瞻远瞩，审时度势，运筹谋划，作出一系列符合战争实际的决策，实施正确的战略指导；战区指挥员坚持实事求是，一切从战场实际出发，发挥主观能动作用，发扬军事民主，作出了正确的部署，进行了周密的战役指挥；参战部队扬长避短，依靠政治优势，吃苦耐劳，英勇善战，集中优势兵力，各个歼灭敌人，在中国革命战争史上谱写了新的光辉篇章。

四、抗美援越

1964年8月5日，美国借口军舰在北部湾越南沿海遭到北越海军攻击，即所谓的“北部湾事件”，发动侵略战争。美军军用飞机侵入中国海南岛地区和云南、广西上空，投掷炸弹和发射导弹，打死打伤中国船员和解放军战士，威胁中国安全。1965年4月，越南劳动党请求中国支援，毛泽东主席决定向越南提供全面无私的援助。

1965年4月，越南劳动党率党政军代表团访问中国，要求中国扩大援助规模并向越南派出支援部队。为了统一组织支援越南和统一处理有关援越的涉外事宜，周恩来总理决定，由中央、国务院和军队有关部门组成“中央国务院支持越南小组”。1965年6月至1973年8月，中国先后派出了高炮、工程、铁道、扫雷、后勤等部队，总计32万余人，在越南北方执行防空、作战、筑路、构筑国防工程、扫雷及后勤保障等任务。在中国海军扫雷工作队的支援下，越南军民不仅没有在美国的轰炸和海上封锁面前屈服，反而越战越勇，终于迫使美国政府承认侵略战争的彻底失败。1973年8月，在越执行援越抗美任务的中国支援部队全部撤回国内。

中国支援部队在援越抗美的艰苦年月里，英勇顽强，艰苦奋战，涌现出许许多多临危不惧、视死如归的英雄人物。中国支援部队4 000多名指战员血洒越南的土地，有1 000多名烈士至今还长眠在越南山冈。在援越抗美期间，中国支援部队时时事事以增进中越两国人民的友谊为重，像对待祖国同胞一样关心越南人民群众，在民房被炸起火时，战士们总是冒着生命危险一次次抢救越南人民和物资；在部队和越南群众都遭到空袭的情况下，总是让担架队首先抢救越南的负伤人员。指战员们还利用战斗和施工的间隙进行爱民活动，帮助越南人民种地、兴修水利、修房盖房、修车修路、理发治病、办夜校、送书籍、教唱歌、放电影、演节目，中国支援部队受到越南人民的热诚拥戴和大力支援。这一切，将永远作为两国人民之间的佳话而传之后世。

五、珍宝岛自卫反击战

珍宝岛事件是指中华人民共和国和苏联因珍宝岛的归属问题于1969年在珍宝岛发生的武装冲突。最终，中国军队获得胜利，但致使中苏关系进一步恶化直至正式破裂。

从20世纪60年代初开始，苏联在中苏边境不断策划和制造事端。1969年3月15日凌晨，苏军从珍宝岛北端侵入，这一天，苏军先后出动50余辆坦克、装甲车和100多名步兵，运用直升机和纵深炮火掩护侵入中国境内，并炮击中国境内纵深地区。中国边防部队同入侵苏军共激战9个多小时，顶住了苏联边防军的6次炮火急袭，击退了苏联边防军的3次进攻，胜利地保卫了珍宝岛。17日，苏联边防军又出动步兵70多人，向岛上敷设地雷，企图阻止中国边防部队登岛并拖回被中国边防部队击坏滞留在江汊的一辆T-62型坦克。中国边防部队以炮火将其击退，击毙苏军边防部队总队长列昂诺夫上校和杨辛中校，被炸坏的苏军坦克被中国边防军缴获，成为苏联侵略中国领土的铁证。

珍宝岛冲突爆发后，苏联领导层反应十分强烈，以苏联国防部长格列奇科元帅、部长助理崔可夫元帅等人为首的军方强硬派主张"一劳永逸地消除中国威胁"，准备动用在远东地区的中程弹道导弹，携带当量几百万吨级的核弹头，对中国的军事政治等重要目标实施"外科手术式核打击"。同时，苏联还与美国联系，试探性地提出联合对核武器发展尚处初级阶段的中国核力量实施摧毁性打击。苏联同时在国际上制造舆论，并妄图在共产主义大会上驱逐中国共产党，孤立中国。1969年6月后，苏联继续在边界地区挑起事端，冲突不断，1969年8月13日苏联出动上百名步兵，在坦克、装甲车的掩护下侵入我国新疆边境，制造了铁列克提事件，导致中方38名士兵牺牲。

当中苏两国已进入战争边缘的时刻，苏联领导人出于全球主要战略对手是美国、战略重点在欧洲，突然采取了缓和措施。苏联部长会议主席柯西金利用9月上旬赴越南吊唁胡志明之机，突然向同去吊唁的中国代表团表达谈判的愿望，随后的周恩来总理和柯西金的会晤暂缓了双方的紧张态势，但问题并没有得到任何解决。中国和苏联从此开始进入了将近20年的敌对备战状态。

六、西沙群岛自卫反击战

西沙海战是1974年1月19日在西沙群岛西部的永乐群岛海域中国人民解放军海军与越南共和国海军发生的小规模海上作战。

从1973年8月份开始，越南军舰在西沙海域不断地驱赶和抓捕中国渔民，企图占领岛屿。1974年1月15日，越南当局不顾中国政府的严正警告，南越海军的16号驱逐舰"李常杰"号侵入西沙的永乐环礁海域。13点50分，越南海军向中国渔民的捕捞作业基地甘泉岛炮击10发。越南海军还企图登上从事捕鱼生产的渔轮，无理要求我国渔轮离开西沙海域，中国渔工与其进行了针锋相对的斗争。1974 年 1 月 17 日，越南武装部队侵占金银岛、甘泉岛，并在侵入甘泉岛后强行取下中国国旗。1 月 18 日，越南当局以两艘舰艇于羚羊礁北侧撞毁我 407 号渔轮驾驶台，中国舰艇当即开炮还击，中国军队发起了收复三岛的登陆战。失去海军支援的岛上越南军队，实际上已成为瓮中之鳖，经过约 4 个小时的战斗，五星红旗就再次插在了珊瑚、甘泉、金银三岛上。越南当局看到局势发展对自己不利，于是做出了“应避免下一步同中国作战”的决定。西沙海战宣告结束。

西沙海战，是中国人民解放军的首次海上反侵略作战，持续时间较长，作战样式比较复杂。当时部队虽然经过恢复训练，但军事素质还不很高，尤其是武器装备大大落后于越南军队。但是，由于指挥正确，战术灵活，作战英勇，仍然夺取了海战的胜利。

西沙海战，解放军以小艇打败大舰，以劣势装备打败优势装备，为中国人民解放军未来的海上反侵略作战提供了宝贵经验。战后，中国获得了对整个西沙群岛及其周边海域的控制权。这是新中国海军进行的第一次海上反侵略作战，也是近代以来中华民族海军史上首次对外战争的完胜。经此一役，西沙四十年再无战端。

七、对越自卫反击战

对越自卫反击战，又称中越战争，狭义上是指 1979 年 2 月 17 日至 1979 年 3 月 16 日中国、越南两国在中越边境爆发的战争。广义的中越战争，是指从 1979 年到 1989 年近 10 年的中越边境军事冲突。其中包括 1979 年中越边境中方自卫还击作战，1981 年中国收复扣林山、法卡山之战，1984 年中国收复老山、者阴山、八里河东山之战，中国对越拔点作战、两山轮战、对越坚守防御作战等。

1979 年 2 月 17 日，中国《人民日报》发表《是可忍，孰不可忍》的评论文章，正式宣告将与越南方面在有限的时间、空间、规模“进行自卫反击、保卫边疆的战斗”，由此拉开了大战的序幕。战争分别以中国的云南省和广西壮族自治区作为两个作战方向，分为三个阶段进行。第一阶段中共中央向全国公开下达了准备开始自卫还击作战的通知，向全世界表明，中国的对越战争是自卫还击作战。1979 年 2 月 23 日，谅山附近高马山爆发激烈攻防战，中国人民解放军占领河江。另有两个师在空军掩护下，进攻芒街、禄平。2 月 24 日，越军反击，与中国军队在高平、老街发生激烈巷战，中方占领柑塘。2 月 25 日起，战情胶着，越军死守边防要地谅山。第二阶段中国人民解放军攻克了越南境内的军事要塞谅山市。1979 年 3 月 5

日，中国宣布已达到目的，开始自越撤军。第三阶段中国人民解放军以交替掩护、边清剿边撤退的方式，于 1979 年 3 月 6 日至 3 月 16 日全部军队撤回中国境内。1979 年 3 月 16 日，中国宣布完成撤军行动，战争结束。

此战的影响是持久的，尤其是对越南方面来说。中国人民解放军在撤退回中国的过程中回收了此前援助越南的物资，并使越南的村庄、公路、铁路遭到严重破坏。中越战后越南并未收敛，中越在边境上的摩擦依旧频繁。战争双方并没有因为此战解决实际的边界问题，反而使冲突进一步扩大化。其后，柬埔寨的红色高棉政权也正式开始退出历史舞台，老挝也紧随越南走上对华敌对策略。

此战是中国人民解放军在 1962 年中印战争之后最后一次较大规模的对外战争。通过此战，中国军方领导层发现中国人民解放军的实力已经与当年拉开距离。此后，中国军方开始了逐步的现代化建设，逐渐摆脱了建国初期的建军路线。

八、南沙赤瓜礁海战

南沙群岛自古以来是中国领土。20 世纪 60 年代以后，菲律宾、越南、马来西亚和文莱等国对整个南沙或部分岛礁提出主权要求，这是由于世界海洋法通过了新领海基法及专属经济区划分，衍生出的南海争端问题。面对复杂纷乱的南沙争议，中国一直都采取自我克制态度，从 1990 年起，对南沙争议正式提出“搁置争议，共同开发”的倡议，希望缓和南沙紧张局势，避免矛盾冲突，同时进一步加强争端各方之间的经济合作关系。

1988 年 1 月 23 日，中国海军 552 编队到达南沙群岛，五星红旗第一次飘扬在南沙群岛的上空，越南当局发现中国在南沙建立海洋观测站后，企图阻挠我建站计划。越军 604 号武装运输船派出人员登上赤瓜礁，并在礁北侧插上两面越南国旗。中方海上指挥所决定寸步不让，但同时要力争避免流血冲突，决不首先动用武力，采取与越军“武装共处”的方针，双方人员相距约 100 米，各自站成一列，双方枪口对枪口，形成对峙。一名越军士兵将一面越南国旗插在我军官兵面前的珊瑚礁上，水兵杜祥厚一把将越南国旗拔了下来，一名越军随即举枪瞄准，战友杨志亮出面掩护，此时越军抢先开火并击伤杨志亮。中国海军编队海上指挥员陈伟文将军立即命令还击，并按照预定方案迅速后撤，与越军拉开距离，以便舰炮发挥火力优势。随后双方交火，9 分钟后，越军 604 号船沉入海底，而越军在赤瓜礁上的人员失去退路，只得缴械投降。

中华人民共和国在此次战斗发生前，虽一直宣称拥有南沙群岛的主权，但实际并无有效控制其中任何一个岛屿、珊瑚礁或沙洲。在本次海战后，中国收复南沙群岛的永暑礁、华阳礁、东门礁、南薰礁、渚碧礁、赤瓜礁共6个岛礁，填补了中国对南沙群岛实际控制的空白。70年代后，菲律宾、越南、马来西亚和文莱等国才对整个南沙或部分岛礁提出主权要求（越南在1975年前也承认南沙为中国所有），并出兵占领了部分岛礁。中国对南沙争议正式提出“搁置争议，共同开发”的政策，这并不是因为中国的国力军力不及其他争端各国，而是国内建设需要一个和平的周边环境，需要友好合作的周边邻邦关系。随着与这些国家之间经济合作关系的加强，彼此理解的加深，相信南沙问题一定会获得较为妥善的解决，这既能维护我国的主权和海洋权益不受侵害，又不致影响整个东南亚地区的繁荣与稳定。

第六章　大学生与国防

中国的国防正不断加强，军队战斗力在不断提升，但世界格局仍处于不平衡状态，战争仍像幽灵一样时刻在我们身边，青年应当做好投身国防的准备。大学生作为高素质人才，理应承担应有的国防使命，接受国防教育，掌握必要的国防常识，努力学习掌握基本的军事技能，时刻准备在未来的高技术战争环境下保家卫国。

第一节　大学生的国防使命

大学生是祖国的建设者和保卫者，是国家发展进步和繁荣昌盛的希望所在。加强国防教育，提高大学生的国防意识和国防使命感，具有十分重要的意义。新中国成立以来，虽然我们的国防不断巩固，军队战斗力不断提升，但当今世界仍不是绝对的和平时代，战争仍然在威胁着我们的国家，威胁着我们的民族利益。作为21世纪的大学生，应该有“天下虽安，忘战必危”的国防意识，树立“保卫祖国，勇敢奋战”的国防观念，增强我们的责任感、使命感。

一、大学生国防使命的具体要求

当代大学生是国家宝贵的人才资源，是民族的希望和未来，肩负着人民的重托和历史的责任。国防使命是大学生应当承担的众多使命中不可或缺的内容之一。相对于大学生的其他使命，国防使命有其特殊要求。

第一，国防使命要求大学生要关注国家利益的整体性。国家的根本利益集中体现在安全和发展两个方面，而安全与发展权益的获得和保障，最根本的是依靠国防的强大。只有安全稳定的国内、国际环境，国家才能发展；只有发展，国家安全防务才有建设与巩固的基础。

第二，国防使命要求大学生要明白国防力量的综合性。国防是一个复杂系统工程，包括为捍卫国家主权、领土完整，防备外来侵略和颠覆所进行的军事及与军事有关的政治、外交、经济、文化等方面的建设和斗争，而不是单纯的只涉及战争及军队建设。这对大学生承担国防使命提出了新的挑战，大学生要更多更好准备方能承担任务。

第三，国防使命要求大学生学习并掌握基本的军事技能。大学生作为国防后备力量，有义务掌握基本的军事技能，这不但能够使高校大学生牢记自己的使命，在接下来的和平与战争的对抗中起到巩固国家国防的作用，而且能帮助学生打破专业学习的思维定势，进一步提高自己的创造力和综合思维能力。

第四，国防使命要求大学生要主动了解当今的国际形势和今后的战争方式。武器系统的模块化，战场信息的网络共享化，以及火力打击的精确化，都使战争变得更加高效、更加深奥。如果大学生不能对国际形势和战争方式有足够的了解，就会缺乏对国防的热情，更不能积极地投身到国防建设中去，这将使我们国家缺乏足够的国防潜力来应对战争，将会造成不可估量的损失。

二、我国大学生国防使命的发展

一直以来，作为我国国防建设事业重要力量的大学生总心怀祖国、牢记并践行使命。新中国成立之前，中国的时代主题是救亡图存，是民族独立和人民解放，当时的大学生通过参加诸如五四运动、一二·九运动等以学生为主体的革命运动来履行自己的国防使命。新中国成立之后，时代主题由救亡图存变成社会主义建设，此时国防事业的各项建设也开始军队化、正规化，大学生则通过学习军事技能、应征入伍等方式来履行保家卫国的责任。

（一）救亡图存时期

救亡图存时期，民族矛盾成为中国社会的主要矛盾，团结一心抵抗外敌是那个时期学生运动的主要特点，其中最突出的当属发生在1919年的五四运动和1935年的一二·九运动了。

五四运动是1919年5月4日发生在北京以青年学生为主的一场学生运动，是广大群众、市民、工商人士等中下阶层广泛参与的一次示威游行、请愿、罢工、暴力对抗政府等多形式的爱国运动。五四运动促进了马克思主义在中国的传播及其与中国工人运动的结合，是中国人民彻底的反对帝国主义、封建主义的爱国运动。五四运动是中国新民主主义革命的开端，是中国革命史上划时代的事件，是中国旧民主主义革命到新民主主义革命的转折点。由于五四运动的主力是学生和青年，他们的爱国精神、为真理和正义而战的精神、不畏强权和黑暗政治的精神值得任何时代的青年和学生学习。

一二·九运动，又称为一二·九抗日救亡运动。1935 年 12 月 9 日，北平（北京）大中学生数千人在中国共产党的领导下举行了抗日救国示威游行，反对华北自治，反抗日本帝国主义，要求保全中国领土的完整，掀起全国抗日救国新高潮。一二·九运动公开揭露了日本帝国主义侵略中国、吞并华北的阴谋，打击了国民党政府的妥协投降政策，大大地促进了中国人民的觉醒。它配合了红军北上抗日，促进了国内和平和对日抗战运动的展开，它标志着中国人民抗日民主运动新高潮的来到。正如毛泽东所指出的，一二·九运动“是抗战动员的运动，是准备思想和干部的运动，是动员全民族的运动，有着重大的历史意义”。

（二）新中国成立初期

新中国成立后，各行各业的人们都开始投入社会主义建设的热潮中。在国防方面，国家利用各种条件和能力建设国防，政府集中精力制定政策，调动力量发展国防事业。此时的优秀大学生们在国防建设方面都是倾尽所学、一心报国，其中最典型的莫过于为研制“两弹一星”作出突出贡献的科技专家们。20 世纪 50 年代中期，刚刚诞生的新中国百废待兴，面对严峻复杂的国际形势和军备竞赛的发展趋势，以毛泽东同志为核心的党中央第一代领导集体毅然作出发展原子弹、导弹、人造地球卫星，突破国防尖端技术的战略决策。参与研发的科学家中的许多人都在国外学有所成，在国外拥有优越的科研和生活条件，但为了投身于新中国的建设事业，冲破重重障碍和阻力，毅然回到祖国。也有一批刚踏上科研之路的幸运的大学生们被国家选中，和这些优秀的科学家一起投入“两弹一星”的研制之中。几十年中，他们为了祖国和人民的最高利益，默默无闻，艰苦奋斗，以其惊人的智慧和高昂的爱国主义精神创造着人间奇迹。“中华民族不欺侮别人，也绝不受别人欺侮”是他们的坚定信念。爱国主义是他们创造、开拓的动力，也是他们克服一切困难的精神支柱。

（三）现代化建设新时期

在现代化建设新时期，大学生应该时刻牢记自己作为国防后备主干的光荣使命。作为我国主要的高素质人才，理应接受国防教育，掌握必要的国防常识，通过学习军事理论课增强国防观念，通过关心国家大事把握国防动态。对国际形势和战争方式要有足够的了解，要保持对国防的热情，积极地投身国防建设中去，通过努力学习专业知识为国防建设干实事，通过参军入伍献身国防事业肩负起历史使命。

三、大学生国防使命的内容

（一）维护国家利益，做增强国防意识的践行者和推动者

国防意识是国家安全和发展的思想基础。良好的国防意识，既是维护国家安全的思想基础，又是推动民族发展的精神动力。胡锦涛同志强调指出，要加强国防教育，大力弘扬爱国主义精神，增强民族自尊心、自豪感，形成全党全国关心国防、支持国防、建设国防的浓厚氛围。一个国家国防力量的增强和民众国防意识的培养与强化，不能光靠战时去进行，在和平时期就应该加强，对于当代大学生来说也是如此。一般来说，战争时期人们为了打败对手，抵御外患，防卫观念是很强烈的，但和平时期人们就容易滋长麻痹思想、苟安心理。失去必要的防卫观念，没有了危机意识，那么一旦危机来临，最终只能落得挨打的悲惨下场。大学生不仅需要增强自身国防意识，还应当成为全社会国防意识培育提高的推动者。对于那种认为国防是政府、军队的事情，与自己没有关系的想法，大学生应当坚决反对。没有全民国防观念的提高，便不可能有真正强大的国防。作为社会中的新生力量，大学生理应培养爱国主义和增强社会责任感。

（二）自觉接受国防知识并作国防教育的践行者

国防教育内容主要包括国防理论教育、爱国主义教育、国防法制教育、革命英雄主义教育、国防知识教育、军事体育教育等方面。国防教育不仅是一个教学、训练的过程，也是一个思想政治教育、心理品质培养、作风纪律养成、身体素质锻炼的全过程，它具有德、智、体、美、劳等综合的教育功能。由于国防教育实施方式的特殊性，使它不同于一般意义上的社会实践，它对大学生的影响是极为深刻的，是终生受益的，是高校其他课程所无法替代的。大学生作为高素质群体，在接受国防知识后还应当积极宣传国防理念，帮助全社会一般群体普遍认同相关国防知识。中华民族有着爱国主义的传统美德，只有激发全体人民对祖国的热爱，才能使人们为祖国积极献身。

（三）与一切损害国家主权的行为做坚决斗争

第一，大学生要始终树立国家利益高于一切的观念。邓小平同志指出：国家的主权、国家的安全要始终放在第一位。维护国家安全既是国家利益的需要，又是个人安全的需要。作为当代的有识青年，我们应该清醒地认识到在我国面临着许多外来的破坏和威胁，要时刻保持高度警惕，加强安全意识，维护国家利益，树立正确的世界观和人生观，牢记历史，承担起历史赋予我们的使命，努力提高自身文化、思想、道德修养，用自己的实际行动报效祖国。

第二，提高国家安全意识，树立新型国家安全观。国家安全既包括国土安全、主权安全、政治安全、经济安全、国防安全、国民安全等传统内容，也包括文化安全、科技安全、金融安全、信息安全等方面的新内容。大学生应该以国家主人翁的姿态，积极享受和履行维护国家安全的各项权利和义务。大学生要始终保持警惕，提高鉴别力，自觉抵制各种诱惑，使自己在维护国家安全上立于不败之地。

第三，积极配合国家安全机关的工作。国家安全机关是《中华人民共和国国家安全法》规定的国家安全工作的主管机关。国家安全机关和公安机关按照国家规定的职权划分，各司其职，密切配合，维护国家安全。当国家安全机关需要大学生配合工作时，在国家安全机关工作人员表明身份和来意后，每个同学都应当按照《中华人民共和国国家安全法》赋予的义务，认真履行职责，尽力提供便利条件或其他协助，如实提供情况和证据，避免出现以暴力、威胁等方式阻碍执行公务的违法行为。

（四）努力学习专业知识技能，积极投身国防事业

现代国防是综合国力的体现。强大的国防实力需要国家的政治、经济、科技、文化、军事、外交、自然等综合力量来支持，国防建设也更加突出复合力量建设。这为我们大学生提供了充分发挥自身优势，投身国防建设的绝好机会。大学生只有将国防使命牢记于心，发奋苦读，学好科学文化知识，成为不同专业领域的人才，并不断提升自身专业素质与能力，将书本知识应用于提高国家防卫能力的实践中，解决实际问题，才能真正不负国家的培养，才能使我国在激烈的国际竞争中立于不败之地。大学生要积极响应征兵号召，踊跃报名参军入伍。兵役义务是公民的重要国防义务，大学生作为走在时代最前沿、掌握着先进科学文化知识、拥有较高素质的优秀群体，应以足够的热情与能力响应征兵号召，参军入伍，献身国家国防建设

事业。随着信息时代的到来，以信息为基础的高科技战争成为未来战争的主要形式，大学生应该充分利用自己的高学历的优势，学为军用，提升我国军队整体素质与战斗力，增强我国国防实力。

第二节　大学生的国防素质

一、大学生国防素质的定义

素质，是指人在先天生理条件的基础上，受后天教育和环境的影响，通过个体自身认识和实践养成的一系列比较稳定的基本品质。它包括思想道德、文化知识、意志品质、创新意识、技能技巧等方面。美国西点军校对学员素质的全面要求是应该具备强烈的道德感、宽广的知识面、高超的业务能力和适应作战指挥的良好身体素质，进而成为最理想的领导者。具体而言，即要求他们的学员具备强烈的爱国意识，具备战斗员和指挥员的军事素养、具备学者那样的渊博知识等。

具体到国防来说，国防素质就是人们先天以及后天经过学习和训练所具有的适应国家国防建设与发展的思想、知识、能力等，是培养具有军事技能、军事思想和军事体能修养的一种状态。也可以简单地理解为适应国防建设与斗争所需要的一种综合心理品质。从国防教育的自身结构来看，它系统地包含了综合素质的形成要素：国防意识、国防知识和国防技能。在国防素质教育目标体系中，国防意识是基本内核，国防知识是重要内容，国防技能是具体途径。

就当前的形势和中国特色军事变革的需要来讲，大学生国防教育必须优先遵循军事教育的方针、原则、规律和培养目标，在注重科学文化素质的同时，还要着眼适应未来信息化战争的需要，在提升全面素质上下工夫，培养具有国防意识、国防知识、国防技能的全面发展的高素质人才。

二、大学生国防素质的内容

（一）国防意识是国防素质的内核

国防意识是一个国家的公民抵御外侮、捍卫祖国的独立和主权、维护国家的尊严和安全的主观认识。国防意识作为一种社会意识，是国防这一社会存在在人们头脑中的反映。国防意识是一种自觉维护民族和国家利益的群体意识，是民族精神的重要体现。这是一种无形而巨大的精神力量。如果说国防是民族生存之盾，那么国防意识就是民族生存之魂。强烈的国防意识是一种重要的精神力量，是制止战争、威慑敌人的重要因素。公民国防意识的强弱关系到国家的强弱、民族的兴衰。正如孙中山先生所说：所谓固国家不以山溪之险，威天下不以兵革之利，其道何在？精神为也。

国防意识是大学生国防素质中的基础素质，是大学生提高国防能力的必备素质，是综合素质体系中最基础的部分。具体而言，国防意识应当包括爱国主义、集体主义、革命英雄主义以及军事战略思维等多个内容。爱国主义是国民国防意识的最核心表现，是形成和强化国防意识的思想基础。集体主义则体现了为集体和为人类解放而奋斗的牺牲精神，这正是国防所必需的素质。革命英雄主义则能够让大学生从思想上继承革命前辈的优良传统，弘扬革命英雄主义和无私奉献精神，英勇顽强，坚贞不屈，在各种情况下都能保持压倒一切敌人、战胜艰难困苦的英雄气概。大学生形成良好的军事战略思维，是迎接新军事变革挑战和维护国家安全的必然要求。

（二）国防知识是国防素质的基础

国民要担负起保卫祖国的神圣职责，光有强烈的国防意识和一腔赤诚的爱国热情是不够的，还必须懂得自己在国防活动中应当做什么，即掌握基本的国防知识。国防教育要从国家安危的高度考虑教育资源的合理配置，重视国防知识教育。国防知识是大学生国防素质体系中的重要内容，大学生应具备国防建设所必须具备的知识，如国防历史、国家领土、领海、领空和海洋权益知识、现代战争与现代军事知识、国防科学技术普及知识、国防法律知识等。此外，大学生还应具备一定的国防理论知识，国防理论是较高层次的国防知识，大体上包括军事理论、国防地位和作用、国防构成、国防建设等几个方面的理论。

（三）国防技能是国防素质的依托

技能，就是掌握和运用专门技术的能力，是一种通过练习获得的能够完成一定任务的动作系统。国防技能是通过训练形成和巩固的具有军事性质的行动方式，它指主体可能面临的任务和活动，是保证其顺利完成的现实条件。国防技能的内涵十分丰富，主要表现在动作技能、战术技能和技术技能三个方面。动作技能也叫运动技能，指表现在外部的以完善合理方式组织起来，并能顺利完成某种活动任务的复杂的肌体动作系统。战术技能侧重于基本战术的掌握，包括综合训练、军事地形等。技术技能侧重于掌握各种武器装备的性能和操作，包括射击、投弹、刺杀、越野、跳伞、防原子、防化学、防生物武器知识和个人防护器材的使用，人民防空知识和战场救护常识，等等。

三、大学生国防素质培养的原则

在大学生国防素质培养中，要力求培养适应信息化要求的新型军事后备人才。要坚持不断地灌输党的基本理论、基本原则、基本方针，坚持不断地开展党的优良传统和军队的光荣传统教育，使军事后备人才培养始终保持正确的政治方向，确保在任何情况下都始终坚持党对军队绝对领导的原则。高校及相关职能部门在大学生国防使命培养过程中要以人为本，面向未来；要求真务实，重视质量；要科学培养，目标明确。

第一，要以人为本，面向未来。以人为本就是以学生为本，以学生的发展为本，给学生以关爱，贯彻“平等、尊重、合作、发展”为基本内涵的人本思想，使其从内心接受国防素质的相关培养工作。同时，培养过程要遵循面向未来的原则，这是历史的必然。要想大学生了解现代战争的特点和现代军事科学知识，如现代武器装备、军事强国军备、美国导弹防御计划、世界军事形势走向等问题，就要把国防理论与现代战争、国防战略与科技发展、国防精神与典型事例等方面紧密结合，使整个教育内容不断深化，达到对学生思想的启迪和升华。

第二，要求真务实，重视质量。求真务实是辩证唯物主义和历史唯物主义一贯的科学精神，是我们党的思想路线的核心内容，也是党的优良传统和共产党人应该具备的政治品格。求真务实，是党的活力之所在，也是党和人民事业兴旺发达的关键之所在。面对新形势新任务，进一步在全党大力弘扬求真务实精神、大兴求真务实之风，十分重要，也十分紧迫。同样，在大学生国防素质培养过程中只有遵循求真务实的原则，才能正视在国防教育中取得的成绩和存在的问题，从而保证大学生国防教育的质量。

第三，要科学培养，目标明确。当今世界，和平与发展仍是时代的主题。国防教育是国家为防备和抵抗侵略、制止武装颠覆、保卫国家的主权、领土完整和确保全国人民的根本利益，而对全体公民进行的一种具有特定目的和内容的教育。其实质是国家根本利益教育，核心是爱国主义、革命英雄主义和牺牲奉献精神。普通高校在大学生国防素质培养中，要坚持服务国防的要求，把国防教育作为强化国防观念、振奋民族精神、启发忧患意识、提高国际竞争能力的战略性任务。

第三节　大学生应征入伍

一、大学生参军入伍

部队每年会从应届大学毕业生或在校大学生中招收义务兵。每年高校毕业生入伍预征工作在5、6月份进行，应届毕业生或在校大学生应根据自身条件踊跃应征。

（一）条件要求

第一，政治条件。应征服现役的公民必须热爱中国共产党，热爱社会主义祖国，热爱人民军队，遵纪守法，品德优良，决心为抵抗侵略、保卫祖国、保卫人民的和平劳动而英勇奋斗。征兵政治审查的内容包括：应征公民的年龄、户籍、职业、政治面貌、宗教信仰、文化程度、现实表现以及家庭主要成员和主要社会关系的政治情况等。

第二，年龄条件。兵役法规定，男青年为年满18至20岁，高中以上文化程度青年、企事业单位职工可放宽到21岁，大专学历毕业生可放宽到23岁，本科及以上学历毕业生可放宽到24岁。应征女青年为高校应届毕业生的，可放宽到年满22周岁。根据军队需要和本人自愿的原则，可征集年满17周岁的应届高中毕业男性青年入伍。

第三，身体条件。应征大学生必须有强健的体魄，要符合国防部颁布的《应征公民体格检查标准》和有关规定。其中，有几项基本条件：（1）身高：男性162cm以上，女性160cm以上；（2）体重：男性：不超过标准体重的25%，不低于标准体重的15%。女性：不超过标准体重的15%，不低于标准体重的15%；（3）视力：陆勤人员：大学专科以上文化程度人员右眼裸眼视力不低4.6，左眼裸眼视力不低于4.5；（4）其他条件：内科、外科、血液、肝功、尿检等都要符合标准。

（二）应征入伍流程（以2013年普通高等学校在校生入伍流程为例）

第一，网上报名阶段：6月20日~8月5日18时，符合征集条件的学生登录学信网进行实名注册，然后进行预征网上报名。填写、打印《应届毕业生预征对象登记表》和《高校毕业生应征入伍学费补偿国家助学贷款代偿申请表》（以下分别简称《登记表》、《申请表》），交所在高校征兵工作管理部门。

第二，系统审核阶段：8月6日，系统完成对其学籍及高考原始总分数的自动审核，并以报名人员户籍所在的省、自治区、直辖市为单位，以其高考分数在全省的相对排名情况，择优选择数倍于征集任务数的报名人员作为初选预征对象，系统审核通过的将以短信通知本人。

第三，打印审核表：8月7日~10日，初选预征对象登录报名系统，自行打印《应征女青年网上报名及审核表》，高校应届毕业生同时打印《应届毕业生预征对象登记表》和《高校毕业生应征入伍学费补偿国家助学贷款代偿申请表》。

第四，初审初检阶段：8月10日以后，初选预征对象根据当地兵役机关的通知要求，持《应征女青年网上报名及审核表》、毕业证书（高校在校生持学生证，高中应届毕业生同时持高考成绩单）、居民户口簿（高校在校生不用）、居民身份证等，参加实地初审初检，经审查合格的初选预征对象择优确定为送检对象。

第五，体检政审阶段：8月底前，送检对象根据当地兵役机关通知要求，参加体检、政审和综合素质考评。参加政审时，高校应届毕业生需向县级兵役机关提交《应届毕业生预征对象登记表》和《高校毕业生应征入伍学费补偿国家助学贷款代偿申请表》。

第六，批准入伍阶段：经批准服现役的男青年，9月底前办理入伍手续。

二、大学生参军入伍相关优惠政策

（一）大学生参军入伍时优惠政策

第一，优先征集政策。征兵时，各级兵役机关将为各级各类高校征集对象提供“绿色通道”：实行优先报名应征、优先体检政审、优先审批定兵，简化办事程序。报名由县级兵役机关直接办理。征兵体检前5天，县级兵役机关要逐一通知预征对象体检时间、地点、注意事项等；优先批准体检政审合格的应届毕业生入伍。

第二，学费优惠政策。在校大学生被批准入伍后，已交学杂费的剩余部分，根据本人自愿，由学校退还本人，或由学校负责管理。退出现役后复学，其家庭经济困难的，由学校酌情减免学费；入伍前享受优秀学生奖学金的，复学后提高一个奖学金等级（不含一等奖学金）；对荣立一次三等功奖励的，复学后按不低于50%的标准减免学费；荣立两次三等功或荣立二等功、被授予荣誉称号的，复学后免交全部学费。

第三，学业安置政策。在校大学生入伍前，学校应尽可能安排他们参加本学期所学课程的考试，也可以根据平时的学习情况，对本学期所学课程免试，直接确定成绩和学分，并保留学籍至退役后一年内。对已经修完规定课程或已修满规定学分，符合毕业条件的，学校可准予毕业，发给其毕业证书。在校大学生入伍后，有条件的可以参加原学校组织的函授或自学专业课程，经部队团级单位批准可以参加学校组织的考试。学生入伍后，原就读学校保留学籍，退伍后准其复学。

（二）大学生参军入伍过程中优惠政策

第一，大学生士兵在干部选拔使用上优先。同等条件下，大学生士兵在选取士官、考军校、安排到技术岗位等方面优先；具有普通高等学校本科以上学历、取得相应学位的高校毕业生士兵，表现优秀、符合有关规定的可以直接选拔为军官。根据总参、总政、总后《从大学毕业生士兵中选拔军官暂行办法》等有关规定，参加全国普通高等学校招生统一考试，取得全日制本科学历和学士学位，入伍后现实表现好，年龄不超过26周岁，入伍一年半以上且在推荐的旅（团）级单位工作半年以上，可以按程序提拔为干部。全日制专科学历的毕业生士兵，可以参加全军统一组织的本科层次招生考试，录入有关军队院校培训，学制2年。大学毕业生士兵参加优秀士兵保送入学对象选拔的，年龄放宽1岁，同等条件下优先列为推荐对象，按照有关规定保送到军队院校培训。具有本科以上学历的，安排6个月任职培训；具有专科学历的，安排2年本科层次学历培训。

第二，大学生士兵在留任士官时有优先性。以2014年国家和军队给予大学生选取士官为例，其在以下方面对大学生士兵给予优惠。首先，对符合士官选取条件的士兵，同等条件下具有全日制大专以上学历的可优先选取士官；其次，对担任专业技术复杂岗位、胜任本职的大学生士兵，本人自愿继续服现役且符合岗位编制要求的，原则上保留至服现役满中级士官规定的服役年限；其次，对确定为士官培养对象的大学生士兵，优先安排参加与任职岗位相应的专业技术培训，优先安排担任基层分队长、班长、副班长；再次，具有全日制大专以上学历的大学毕业士兵，首次选取为士官的，参照直接从非军事部门招收士官的有关规定授予士官军衔和确定工资起点标准，在地方高校学习时间视同服役时间；最后，具有全日制大专以上学历的士兵考入士官学校后，可参加高技能人才培养班，修满规定课程和学分的，发给职业技术教育本科毕业证书和学位证书；毕业后原则上服役至四级军士长，获得技师资格的，优先选取为高级士官。

（三）大学生退伍安置时优惠政策

第一，复学。对原就读学校撤销的，由省（自治区、直辖市）教育行政部门安排转入同等学历相关专业高等学校复学；原所学专业撤销的，由学校安排转入其他专业复学；个别学习有困难的，可以申请延长学习时间；对专科升本科、本科报考研究生的，在同等条件下应优先录取。在部队荣立三等功以上奖励的，原是本科生的可申请转到该校其他专业学习，原是专科生的可以免试进入该校同专业或相近专业的本科学习，属独立设置的专科学校的专科生，由学校报所在省教育行政部门负责安排。

第二，升学。大学生士兵在部队荣立二等功以上奖励的，所学本科专业毕业后，可免试保送所学专业研究生。具有大专以上学历的退役士兵报考政法干警招录培养体制改革试点班时，教育考试笔试成绩总分加 10 分，同等条件下优先录取；退役后三年内参加全国硕士研究生招生统一入学考试，初试总分加 10 分，立二等功及以上的，退役后免试（指初试）攻读硕士研究生；具有高职（高专）学历的，退役后免试入读成人本科或经过一定考核入读普通本科；退役后可根据需要参照应届高校毕业生办理就业报到手续。今年，国家制定了被高校录取的高中毕业生入伍后保留入学资格及退役后入学的具体办法，还规定大学生退役复学后，入伍经历可作为实习经历，免修军事技能训练，直接获得学分。

第三，退役就业安置。按照国家规定发给退役金，由安置地的县级以上地方人民政府接收，根据当地的实际情况，可以发给经济补助；安置地的县级以上地方人民政府应当组织其免费参加职业教育、技能培训，经考试考核合格的，发给相应的学历证书、职业资格证书并推荐就业；报考公务员、应聘事业单位职位的，在军队服现役经历视为基层工作经历，同等条件下应当优先录用或者聘用；国有企业在新招录职工时，应拿出一定数量的工作岗位择优招录大学生退役士兵；基层专职武装干部重点招录退役大学生士兵；参加户籍所在地省级毕业生就业指导机构、原毕业高校就业招聘会，享受重点推荐、就业指导等就业服务。根据人社办发〔2012〕406 号等有关文件规定，退役大学生士兵服现役期间视为基层工作经历，与“三支一扶”、“一村一大”、“志愿服务西部计划”等基层服务项目服务期满并考核合格的大学生享有同等待遇；各地把大学生退役士兵纳入当地党委、政府选拔任用干部体系，给予重点培养，基层专职武装干部重点招录退役大学生士兵；退役大学生士兵在报考事业单位时，在公共科目笔试与专业知识笔试按比例折合后、与面试成绩折合前的笔试总成绩加2分，被部队团级以上机关评为优秀士兵或荣立三等功奖励的另加2分，荣立二等功及以上奖励的另加4分，累计不超过6分。

主要参考文献

[1] 刘继贤．论毛泽东军事思想体系［M］．北京：中国人民解放军出版社，2014.

[2] 袁德金．毛泽东军事思想教程［M］．北京：军事科学出版社，2012.

[3] 符成礼．当代外国军事思想教程［M］．北京：军事科学出版社，2000.

[4] 廖超．东方兵圣：孙子生平及其军事思想新解［M］．北京：新华出版社，2012.

[5] 黄迎旭．马克思恩格斯军事思想新论［M］．北京：中国人民解放军出版社，2011.

[6] 刘继贤．邓小平军事思想教程［M］．北京：军事科学出版社，2013.

[7] 陈相灵，夏一东．中外军事思想简史［M］．北京：中国人民解放军出版社，2014.

[8] 孟艾芳．军事思想与国防建设［M］．山西：山西教育出版社，2013.

[9] 奚纪荣，施芝华．军事思想［M］．上海：上海社会科学院出版社，2004.

[10] 刘启贤．毛泽东军事思想原理［M］．北京：中国人民解放军出版社，2007.

[11] 张正明．军事理论与技能教程［M］．西安：西安交通大学出版社，2007.

[12] 陈云金，沈有生．高校国防教育教程［M］．武汉：武汉理工大学出版社，2007.

[13] 霍凤鸣．大学生国防教育［M］．北京：高等教育出版社，2007.

[14] 纪明葵．普通高等学校军事理论教程［M］．北京：国防大学出版社，2007.

[15] 匡壁民．军事理论教程［M］．北京：军事谊文出版社，2007.

[16] 徐子良，成岩龙．新编军训教程［M］．苏州：苏州大学出版社，2007.

[17] 单小忠．军事理论教程［M］．杭州：浙江教育出版社，2008.

[18] 雷庆礼，陈励．大学生实用军训教程［M］．长沙：国防科技大学出版社，2009.

[19] 王玉振．战略环境评价——从国际经验到中国的实践［M］．北京：中国环境

科学出版社，2012.
[20] 杨毅．国家安全战略理论［M］．北京：时事出版社，2008.
[21] 安秀伟．中国和平发展战略实施的国际环境［M］．北京：中国书籍出版社，2013.
[22] 徐坚．国际环境与中国的战略机遇期［M］．北京：人民出版社，2004.
[23] 王桂芳．中亚战略格局与中国安全［M］．北京：军事科学出版社，2004.
[24] 余潇枫．非传统安全概论［M］．杭州：浙江人民出版社，2006.
[25] 罗斌．一口气读完清朝的那些战争［M］．北京：京华出版社，2010.
[26] 张明金．中国百年战争全景［M］．北京：京华出版社，2006.
[27] 王钟麒．中日战争［M］．长沙：岳麓书社，2011.
[28] 郑洞国，等．原国民党将领抗日战争亲历记［M］．北京：中国文史出版社，2013.

附录一　与战争相关的国际条约

（条约相关内容可通过国际红十字会官方网站查阅）

一、日内瓦四公约及附加议定书

《1949 年 8 月 12 日日内瓦第一公约》

《1949 年 8 月 12 日日内瓦第二公约》

《1949 年 8 月 12 日日内瓦第三公约》

《1949 年 8 月 12 日日内瓦第四公约》

《第一附加议定书》

《第二附加议定书》

《第三附加议定书》

二、武装冲突受害者保护相关条约

《关于改善战地武装部队伤者病者境遇的日内瓦公约》

《关于战时医院船免税的公约》

《武装冲突中对人权的尊重》

《关于改善战地武装部队伤者和病者境遇的公约》

《关于战俘待遇的日内瓦公约》

《在非常状态和武装冲突中保护妇女和儿童宣言》

《儿童权利公约》

三、作战方法与手段限制相关条约

《陆战法规和惯例公约》

《禁止从气球上投掷投射物和爆炸物宣言》

《关于在战争中使用潜水艇和有毒气体的条约》

《禁止在战争中使用窒息性、毒性或其他气体和细菌作战方法的议定书》

《禁止使用核及热核武器宣言》

《禁止细菌（生物）及毒素武器的发展、生产及储存以及销毁这类武器的公约》

《禁止或限制使用某些可被认为具有过分伤害力或滥杀滥伤作用的常规武器公约》

《关于无法检测的碎片的议定书》

《禁止或限制使用地雷（水雷）、饵雷和其他装置的议定书》（1980 年）

《禁止或限制使用某些可被认为具有过分伤害力或滥杀滥伤作用的常规武器公约》所附的经 1996 年 5 月 3 日修正后的《禁止或限制使用地雷、诱杀装置和其他装置的议定书》

《禁止或限制使用燃烧武器议定书》

《〈禁止或限制使用某些可被认为具有过分伤害力或滥杀滥伤作用的常规武器公约〉附加议定书四》

《战争遗留爆炸物议定书》

《联合国禁止或限制使用某些可被认为具有过分伤害力或滥杀滥伤作用的常规武器》会议最后文件

修正《禁止或限制使用某些可被认为具有过分伤害力或滥杀滥伤作用的常规武器》第一条

《关于禁止发展、生产、储存和使用化学武器及销毁化学武器公约》（摘录）

《关于禁止使用、储存、生产和转让杀伤人员地雷及销毁此种地雷的公约》

四、海战与空战相关规定

《关于战争开始时敌国商船地位公约》

《关于商船改装为军舰公约》

《关于敷设自动触发水雷公约》
《关于战时海军轰击公约》
《关于 1906 年 7 月 6 日日内瓦公约原则适用于海战的公约》
《关于海战中限制行使捕获权公约》
《关于建立国际捕获法院公约》
《关于中立国在海战中的权利和义务公约》
《限制和裁减海军军备的国际条约》第四部分关于潜艇作战的规则
《空战规则草案》
《海上中立公约》
《伦敦海军会议文件》
《海战法手册》
《适用于海上武装冲突的国际法》

五、战争中文化财产保护的相关条约

《关于保护艺术和科学机构及历史纪念物条约》
《关于发生武装冲突时保护文化财产的公约》
《关于发生武装冲突时保护文化财产第一议定书》
《关于发生武装冲突时保护文化财产公约第二议定书》
《联合国教育、科学及文化组织大会手册》

六、战争武装冲突的刑事惩处

《战争罪及危害人类罪不适用法定时效公约》
《关于侦察、逮捕、引渡和惩治战争罪犯和危害人类罪犯的国际合作原则》
《国际刑事法院罗马规约》
《纽伦堡原则》

七、其他

《关于战争开始的公约》
《中立国和人民在陆战中的权利和义务公约》

《禁止为军事或任何其他敌对目的使用改变环境的技术的公约》

《全国人民代表大会常务委员会关于我国加入 1949 年日内瓦四公约两项附加议定书的决定》

《联合国宪章》

附录二　中国国防相关的部分重要国内法规

（更多相关法规可在中国法律法规网或国防部官方网站查阅）

1.《中华人民共和国国防法》
2.《中华人民共和国国防教育法》
3.《中华人民共和国国防动员法》
4.《中华人民共和国兵役法》
5.《中华人民共和国反分裂国家法》
6.《中华人民共和国军事设施保护法》
7.《中华人民共和国军人保险法》
8.《中华人民共和国人民武装警察法》
9.《中华人民共和国保守国家秘密法》
10.《中华人民共和国现役军官法》
11.《中华人民共和国戒严法》
12.《中华人民共和国预备役军官法》
13.《中华人民共和国香港特别行政区驻军法》
14.《中华人民共和国澳门特别行政区驻军法》
15.《国防专利条例》
16.《军人抚恤优待条例》
17.《中华人民共和国军品出口管理条例》
18.《征兵工作条例》
19.《中国人民解放军干部任免暂行条例》
20.《中国人民解放军现役士兵服役条例》
21.《国防交通条例》
22.《民用运力国防动员条例》
23.《国防计量监督管理条例》
24.《人民防空条例》

附录三　军事训练与理论学习的相关政策依据

（以下文件可在中国法律法规网或教育部官方网站查阅）

1. 教育部、总参谋部、总政治部《关于印发〈普通高等学校军事课教学大纲〉的通知》（教体艺［2002］7号）

2. 教育部、总参谋部、总政治部《关于印发新修订的〈普通高等学校军事课教学大纲〉的通知》（教体艺［2007］1号）

3. 教育部、总参谋部、总政治部《关于印发〈学生军事训练工作规定〉的通知》（教体艺［2007］7号）

4. 教育部、总参谋部、总政治部《关于全面提高学生军事训练质量的通知》（教体艺［2013］1号）

附录四　《普通高等学校军事课教学大纲》

教育部、总参谋部、总政治部2006年修订

依据《中华人民共和国国防法》、《中华人民共和国兵役法》、《中华人民共和国国防教育法》以及国务院、中央军委有关文件精神，结合我国高等教育和普通高等学校的实际，制定本《大纲》。

一、课程性质

第一条　军事课程是普通高等学校本、专科学生的必修课。军事课程以马列主义、毛泽东思想、邓小平理论和“三个代表”重要思想为指导，贯彻和落实科学发展观，按照教育要面向现代化、面向世界、面向未来的要求，适应我国人才培养战略目标和加强国防后备力量建设的需要，为培养高素质的社会主义事业的建设者和保卫者服务。

二、课程目标

第二条　军事课程以国防教育为主线，以军事理论教学为重点，通过军事教学，使学生掌握基本军事理论与军事技能，增强国防观念和国家安全意识，强化爱国主义、集体主义观念，加强组织纪律性，促进综合素质的提高，为中国人民解放军训练储备合格后备兵员和培养预备役军官打下坚实基础。

三、课程要求

第三条　军事课（含军事理论教学和军事技能训练）列入普通高等学校的教学计划，考试成绩记入学生档案，学校应当按照本《大纲》组织实施军事课教学，严

格考勤考核制度。

第四条 军事理论教学时数为 36 学时。学校在完成规定的学时外，应积极开设与军事课相关的选修课和举办讲座。在军事课教学中，要注重理论联系实际，掌握好深度和广度，不断改进教学方法和手段，确保教学质量。

第五条 军事技能训练时间为 2 ~ 3 周，实际训练时间不得少于 14 天。在组织军事技能训练时，要以中国人民解放军的条令条例为依据，严格训练，严格要求，培养学生良好的军事素质。

四、课程内容

第六条 军事理论教学内容和教学目标

	军事理论课教学内容	教学目标
中国国防	一、国防概述 国防要素；国防历史；主要启示 二、国防法规 国防法规体系；公民国防权利和义务 三、国防建设 国防领导体制；国防建设成就；国防建设目标和国防政策；武装力量建设 四、国防动员 人民武装动员；国民经济动员；人民防空动员；交通战备动员；国防教育	了解我国国防历史和国防建设的现状及其发展趋势，熟悉国防法规和国防政策的基本内容，明确我军的性质、任务和军队建设指导思想，掌握国防建设和国防动员的主要内容，增强依法建设国防的观念。
军事思想	一、军事思想概述 形成与发展；体系与内容 二、毛泽东军事思想 科学含义；主要内容；历史地位和现实意义 三、邓小平新时期军队建设思想 主要内容；地位作用 四、江泽民论国防和军队建设思想 主要内容；地位作用 五、胡锦涛关于国防和军队建设重要论述 主要内容；地位作用	了解军事思想的形成与发展过程，熟悉我国现代军事思想的主要内容、地位作用及科学含义，树立科学的战争观和方法论。

续表

军事理论课教学内容		教学目标
国际战略环境	一、战略环境概述 基本要素；战略与战略环境 二、国际战略格局 现状和特点；发展趋势 三、我国周边安全环境 演变与现状；发展趋势；安全政策。	了解国际战略格局的现状、特点和发展趋势，正确认识我国的周边安全环境现状和安全策略，增强国家安全意识。
军事高技术	一、军事高技术概述 概念与分类；发展趋势；对现代作战的影响 二、高技术在军事上的应用 精确制导技术；隐身伪装技术；侦察监视技术；电子对抗技术；航天技术；指挥控制技术；新概念武器 三、高技术与新军事变革	了解军事高技术的内涵、分类、发展趋势及对现代战争的影响，熟悉高技术在军事上的应用范围，掌握高技术与新军事变革的关系，激发学习科学技术的热情。
信息化战争	一、信息化战争概述 二、信息化战争的特征与发展趋势 三、信息化战争与国防建设	了解信息化战争的形成、发展趋势和与国防建设的关系，熟悉信息化战争的特征，树立打赢信息化战争的信心。

第七条 军事技能训练内容和教学目标

军事技能训练内容		教学目标
条令条例教育与训练	一、《内务条令》教育 二、《纪律条令》教育 三、《队列条令》教育 1. 单个军人队列动作训练 2. 分队队列动作训练	了解中国人民解放军三大条令的主要内容，掌握队列动作的基本要领，养成良好的军人作风，增强组织纪律观念、培养集体主义的精神。
轻武器射击	一、武器常识 二、简易射击学理 三、射击动作和方法 四、实弹射击*	了解轻武器的战斗性能和基本射击理论，掌握半自动步枪射击的动作要领，完成第一练习实弹射击。

续表

军事技能训练内容		教学目标
战术	一、战斗类型和战斗样式 二、战术基本原则 三、单兵战术动作	了解战斗的基本类型和基本样式，掌握战术基本原则的主要内容，学会单兵战术的基本动作要领。
军事地形学	一、地形对军队战斗行动的影响 二、地形图基本知识 三、现地使用地形图	了解地形对作战行动的影响，掌握地形图的基本知识，学会现地使用地形图的方法。
综合训练	一、行军 二、宿营 三、野外生存	了解行军、宿营的基本程序、方法，培养野外生存能力。

五、课程建设

第八条 军事教师是完成军事课程目标的具体执行者和组织者。学校应当在教育行政部门核定的教师总编制内，按照军事课程教学任务配备相应数量的合格军事教师。

第九条 军事教师要努力提高自身思想素质和业务能力，积极参加教学改革和学术研究，不断提高教学质量，开创教学科研工作新局面。

第十条 各级教育行政部门、军事部门和普通高等学校，应当有计划地安排军事教师接受继续教育和培训，不断改善知识结构，提高军事理论水平和学历、学位层次，以适应教学科研工作需要。

第十一条 普通高等学校应当建立健全军事课教学规章制度和教师聘任制度，建立军事课教学档案并实行规范化管理。

第十二条 军事课程教材建设与管理，由国家教育部会同总参谋部统一规划，并建立和完善教材编写、评审制度。军事课教材具有特殊性，普通高等学校军事教学指导委员会将通过定期评审的形式推出优秀教材。各高等学校要严格把关，选用优秀军事课教材开展教学。

六、课程评价

第十三条 军事课程评价包括课程建设和课程定位、教师教学状况、学生学习效果等方面。课程建设评价应包含课程结构体系、课程内容、教材建设、教学管理、师资配备与培训、经费保障以及课程目标的完成情况等。课程定位应包含课程指导思想、课程管理、机构建制、保障措施等。军事教师教学状况应包含教师专业素质、教学能力、科研能力、教学工作量和课堂教学效果等，通过教师自评、学生评价和专家评议进行。学生学习效果应包含学生的学习态度、学习过程和学习效果评价，通过学生自评、互评和教师评定进行。

第十四条 军事课程建设的评价由教育部会同总参谋部、总政治部组织实施。各省级教育行政部门和军事部门应制订本地区的评价方案，定期组织军事课建设评价检查，充分发挥教育评价的导向和激励作用。

七、附则

第十五条 本《大纲》是普通高等学校组织实施军事课程教学的基本依据，也是军事课教材建设和开展课程评价的重要依据。

第十六条 各普通高等学校可根据实际情况和专业特点，对教学内容作适当调整。

第十七条 本《大纲》自 2007 年 9 月起在全国普通高等学校施行。

附录五　军事与国防知识学习研究的部分重要网站

1. 联合国：http：//www. un. org/zh/

2. 国际红十字会：http：//www. icrc. org/chi/index. jsp

3. 国际刑事法院：http：//www. icc-cpi. int/Pages/default. aspx

4. 上海合作组织：http：//www. sectsco. org/CN11/

5. 中华人民共和国军委总部：http：//www. 81. cn/

6. 中华人民共和国国防部：http：//www. mod. gov. cn/

7. 美国国防部：http：//www. defense. gov/

8. 英国国防部：https：//www. gov. uk/government/organisations/ministry-of-defence

9. 俄罗斯国防部：http：//mil. ru/

10. 日本防卫省：http：//www. mod. go. jp/

图书在版编目(CIP)数据

大学生国防教育/徐前权,李华成主编.—武汉:武汉大学出版社,2014.7
21 世纪高等学校本科通识课规划教材
ISBN 978-7-307-13825-4

Ⅰ.大…　Ⅱ.①徐…　②李…　Ⅲ.国防教育—高等学校—教材
Ⅳ.G641.8

中国版本图书馆 CIP 数据核字(2014)第 161134 号

责任编辑:任仕元　　责任校对:鄢春梅　　版式设计:韩闻锦

出版发行:**武汉大学出版社**　(430072　武昌　珞珈山)
(电子邮件:cbs22@whu.edu.cn 网址:www.wdp.com.cn)
印刷:荆州市天园印刷责任有限公司
开本:787×1092　1/16　印张:11.75　字数:214 千字　插页:1
版次:2014 年 7 月第 1 版　2014 年 7 月第 1 次印刷
ISBN 978-7-307-13825-4　定价:26.00 元
